Hugo Goeke

Kardinal von Galen

dialogverlag Münster

Hugo Goeke

Kardinal von Galen

Ein Lebensbild mit Glaubensimpulsen für heutige Christen

dialogverlag Münster

Bibliografische Information Der Deutschen Bibliothek
Die Deutsche Bibliothek verzeichnet diese Publikation in der Deutschen Nationalbibliografie; detaillierte bibliografische Daten sind im Internet über http://dnb.ddb.de abrufbar.

ISBN 3-937961-14-3
2. Auflage 2006

Gesamtherstellung: **dialog**verlag Münster

Inhalt

Vorwort

Zu konstruktiven und mutigen Auseinandersetzungen mit aktuellen Fragen der Zeit und zu einem öffentlichkeitswirksamen Einsatz können uns Menschen anregen und ermutigen, die sich in düsteren Zeiten der Vergangenheit bewährt und in vielen ihrer Zeitgenossen menschliche und christliche Größe geweckt und bestärkt haben.

Einer von ihnen ist Clemens August Graf von Galen, der vielleicht bekannteste Münsteraner des 20. Jahrhunderts. Er ist weder ein glorreicher makelloser Volksheld, noch lässt er sich in Volksgruppen seiner Zeit einordnen. Er ist eine individuelle, unwiederholbar einmalige Persönlichkeit. Ich kann mich nicht entsinnen, ihm persönlich begegnet zu sein oder seine Stimme zu seinen Lebzeiten gehört zu haben.

Mich begleiten jedoch immer wieder die Worte seiner Predigt auf dem Domplatz in Münster nach seiner triumphalen Rückkehr aus Rom als Kardinal, die mir durch eine Schallplattenaufnahme vertraut sind, und die ich Schülern und Schülerinnen im Religionsunterricht am Gymnasium häufig zu Gehör gebracht habe.

Als Studenten und Studentinnen während meiner Lehrtätigkeit an der Abteilung Münster der Katholischen Fachhochschule Nordrhein-Westfalen ihr Interesse zum Ausdruck brachten, sich mit dem Thema »Widerstand während des Nationalsozialismus« zu beschäftigen, hat mich die außergewöhnliche Resonanz bei den jungen Menschen tief beeindruckt. Überrascht hat mich die wachsende Neugier, mit der sie dem Lebensweg und der Motivation der Widerstandskämpfer u. a. auch dem mutigen Alleingang von Clemens August Graf von Galen nachspürten, ihn zu verstehen suchten und seinen mutigen Weg innerlich mitzugehen sich bemühten.

Gleiches Interesse entdeckte ich erneut, als ich im Sommer 2003 im Rahmen der Urlaubsvertretung eines Pfarrers in drei Sonntagspredigten versuchte, die Gestalt des großen Widerstandskämpfers Bischof von Galen lebendig werden zu lassen. Die Texte der Predigt habe ich überarbeitet und erweitert.

Ich hoffe, dass vielen Lesern und Leserinnen der »Löwe von Münster« ein guter Begleiter wird, der sie anregt, immer dem Gewissen zu folgen und mutig einzutreten für die Schwachen, für Recht und Gerechtigkeit und für eine Gesellschaft, in der der Gottesglaube bewahrt und die christliche Botschaft des Evangeliums Aufmerksamkeit und Gehör findet.

Ich möchte nicht nur informieren über das Leben und Sterben dieses großen Mannes. Die am Schluss dieses Buches angegebene Literatur mag den/die Leser/in einladen, historischen Einzelheiten und Zusammenhängen weiter nachzugehen. Alle Zitate finden sich dort. Um die Freude am Lesen nicht zu behindern und um den geistlichen Ertrag nicht zu mindern, habe ich auf die genaue Angabe der Fundstellen verzichtet. Sie lassen sich aber aufgrund des Textzusammenhanges leicht ausfindig machen.

Ich möchte anregen, in der Begegnung mit dem Glaubenszeugen von Galen den eigenen Lebensweg zu bedenken und sich ermutigen zu lassen, in Geradlinigkeit die Strömungen der Zeit zu prüfen, Gutes zu verstärken, Irrigem entgegenzutreten und aus der Tiefe des Glaubens sich selbst zu finden, um entscheidungsfreudig dem einmaligen unwiederholbaren Leben Richtung und anderen hilfreiche Begleitung zu geben.

Hugo Goeke

Clemens August Joseph Pius Emanuel Antonius Graf von Galen

Im christ-katholischen Glauben erzogen

Burg Dinklage im Oldenburger Land – eine Wasserburg wie man sie im norddeutschen Raum vielfach findet – mit seiner ländlich geprägten und von Tradition bestimmten Umgebung ist der Wurzelgrund, aus dem das Leben von Clemens August Graf von Galen hervorwächst. Die Natur mit ihren Jahreszeiten und die kirchlichen Feiern und Festtage geben den Lebensrhythmus vor.

Auch auf der Burg in der adligen Familie sind die Lebensverhältnisse entsprechend der damaligen Zeit einfach. Annehmlichkeiten wie Wasserleitung und Badezimmer stehen noch nicht zur Verfügung, und manche unbeheizte Räume lassen Mitglieder und Bedienstete der Adelsfamilie die Dunkelheit und Kälte des Winters spüren.

Plattdeutsche Mundart bringt die Verbundenheit mit der natürlichen Umgebung und mit den Menschen des Alltags in besonderer und deftiger Weise zum Ausdruck. Clemens August kommt diese Sprache im vertrauten Kreis zeitlebens immer wieder über die Lippen. In jungen Jahren ist es für ihn selbstverständlich, als guter Schütze der Tradition des Hauses entsprechend, zur Jagd zu gehen. Im familiären und gemütlichen Beisammensein und zur Abwechselung und zum Ausgleich gehören Zigarre und Pfeife – auch als Bischof liebt Clemens August diese – zu den kleinen entspannenden Vergnügen.

Selbstverständliche Frömmigkeit durchzieht den Alltag. Nachmittags – oft nach einem Spaziergang – wird in der Hauskapelle der Rosenkranz gebetet. Dass die Eltern sonntäglich – später sogar täglich – die Heilige Kommunion empfangen, ist für die damalige Zeit außergewöhnlich. Entsprechend häufig beichten sie, da der Kommunionempfang immer wieder die Beichte voraussetzt, wie es zu der Zeit erwartet wird. Das führt zu einer sorgsamen Pflege des Gewissens mit immer wiederkehrender Gewissenserforschung.

Die Kinder lernen von ihren Eltern und sehen sie als Vorbild. Es wird berichtet, dass der junge Clemens August als Seminarist gelegentlich eine Perlenschnur als Erinnerungszeichen am Körper trägt, um an seine Fehler erinnert zu werden und sie abzustellen. An seinem 36. Geburtstag schreibt er in sein Tagebuch: »Der Druck der Verantwortung und das Bewusstsein der eigenen Unzulänglichkeit werden, glaube ich, von Jahr zu Jahr fühlbarer. Damit sollten nun mein Gottvertrauen und die eigene Anstrengung wachsen. Aber da fehlt es bei mir noch viel.« Er weiss um die durch Sünde verletzte menschliche Natur, und dieser Gedanke wird ihn ein Leben lang begleiten.

Der Kirche verbunden – der Gesellschaft verpflichtet

Die Frömmigkeit auf der Burg Dinklage ist immer auch Ausdruck einer tiefen Verbundenheit mit der konkreten Kirche. Diese schenkt Beheimatung und Geborgenheit über die Familie hinaus, und sie fordert Solidarität mit den Schwachen und Benachteiligten. Das von den Eltern vorgelebte Leben in und mit der Kirche, der Einsatz für andere Menschen und die Mitwirkung bei der Lösung sozialer Probleme bleiben ein Leben lang prägend für Clemens August. Gerade die Verbundenheit mit der Kirche gibt ihm in schwerer Zeit Rückhalt, verlangt aber auch von ihm Führerschaft, als er sie anderswo vermisst.

Der Vater, Ferdinand Heribert Graf von Galen (1831-1906) – die Vorfahren leben seit 1660 auf Burg Dinklage – ist dem Bistum Münster in besonderer Weise verbunden durch das von seinen Vorfahren auf ihn übergegangene Erbkämmereramt des einstigen Fürstbistums Münster. Menschlich-soziale Belange sind ihm ein besonderes Anliegen. Er engagiert sich vielfältig in öffentlichen Aufgaben. Er ist im Vorstand der katholischen

Wir erkennen
in der Gerechtigkeit
die Vorbedingung
zum Frieden.

PREDIGT IN HEILIG KREUZ IN MÜNSTER
AM 6. JANUAR 1946

Nicht nur in der
eucharistischen Brotsgestalt
will Christus
bei den Menschen Einkehr halten.
Er kommt auch zu uns
in der Gestalt
des notleidenden Bruders,
der darbenden Mitschwester,
des hilflosen Kindes.

Hirtenbrief vom 8. Dezember 1945

Zentrumspartei und 30 Jahre hindurch als Abgeordneter dieser Partei Mitglied im Reichstag. Ihn bedrückt das im Zuge der Industrialisierung aufkommende Elend der Fabrikarbeiter, und er setzt sich in seiner politischen Arbeit ein für deren Schutz und für die Rechte und Belange der Handwerker. Auch sein ältester Bruder Friedrich ist Mitglied der Zentrumsfraktion im Reichstag und sein jüngster Bruder Franz in gleicher Eigenschaft Mitglied im Preußischen Landtag.

Durch das Elternhaus und insbesondere durch den Vater werden die Kinder mit historischen Vorgängen und akuten Zeitfragen vertraut. Sie erleben gleichzeitig im öffentlichen Einsatz des Vaters die untrennbare Verbundenheit von Glauben und sozialer und politischer Verantwortung.

Auch die Mutter, Reichsgräfin Elisabeth von Spee (1842-1920), – sie heiraten 1861 – entstammt einer gläubigen und traditionsbewussten Familie. Sie bereitet selbst ihre Kinder auf die Erstbeichte vor. Was sie selbst für wichtig hält, gibt sie ihren Kindern weiter. Und so erhält Clemens August aus ihrer Hand zur Erstkommunion das damals in vielen Familien geschätzte Buch »Die Nachfolge Christi« des Thomas von Kempen, ein Buch, das in innerlicher Frömmigkeit zum Weg der Christusnachfolge anregt. Seit der »Devotio moderna«, einer religiösen Erneuerungsbewegung des ausgehenden 14. Jahrhunderts, hat dieses Buch viele Generationen von Christen in Europa geprägt. Noch zur Zeit meiner Kindheit gehört dieses Buch zum Buchbestand fast jeder Familie.

Das Privileg adeliger Herkunft ist Clemens August Graf von Galen vorgegeben. Sein familiäres Umfeld auf Burg Dinklage im Oldenburger Land garantiert eine Erziehung, die ihr Fundament in einem christ-katholischen Glauben hat, und die gleichzeitig öffnet zu einem verantwortungsvollen Leben gegenüber Staat und Gesellschaft.

Viel bedeutet dem jungen Clemens August sein Großonkel, der auch heute noch vor allem in Arbeiterkreisen bekannte und beliebte Bischof Wilhelm Emmanuel Freiherr von Ketteler (1850-1877). Dieser hatte 1848 in Mainz durch seine sechs berühmten Adventspredigten zu sozialen Fragen große Aufmerksamkeit erregt und zum Bedenken und Lösen sozialer Fragen kräftige Anstöße gegeben. Er war als Priester Abgeordneter der Frankfurter

Nationalversammlung und setzte sich vehement für die Freiheit der Kirche und für die Erhaltung der konfessionellen katholischen Schule ein. Er scheute nicht den offenen Konflikt mit der preußischen Regierung. Clemens August scheint ihn sehr verehrt zu haben. Er setzt sich schon in jungen Jahren mit seinen Schriften auseinander. Bereits mit 17 Jahren liest er seine Schrift »Freiheit und Autorität der Kirche«.

Etwa ein Dreivierteljahr nach dem Tod dieses Großonkels wird Clemens August am 16. März 1878 geboren. Der Höhepunkt des Kulturkampfes ist eben überschritten. Er ist das elfte von dreizehn Kindern.

Ich lade den/ie Leser/in ein, einen Augenblick innezuhalten. Noch zu keiner Zeit sind Erziehungsfragen so sehr diskutiert, sorgsam bedacht und den Eltern zur Anregung gegeben wie heute. Viele Kinder und Jugendliche sind zu beglückwünschen zu der bewussten und ihre Fähigkeiten fördernden Erziehung durch ihre Eltern. Gerade im Umfeld von Taufe, Erstbeichte und Erstkommunion und gelegentlich auch bei Firmungen kommt bei einigen Eltern ein hervorragendes Bemühen um christliche Erziehung zum Ausdruck. Weithin fehlt es jedoch an Erziehungsvorstellungen und an dem prägenden Vermögen und der prägenden Kraft der Eltern. In manchen Familien wachsen Kinder auf, aber werden nicht erzogen. Nicht-Erziehung prägt prägt leider auch.

Clemens August ist seine christ-katholische Erziehung ein Leben lang Lebensfundament geblieben, von dem her er zu seinem eigenen, einmaligen Weg gefunden hat.

Von guten Lehrern gefördert

Die begüterte und adelige Familie kann sich einen Hauslehrer (Wilhelm Arens) leisten, der Clemens August zusammen mit seinem Bruder Franz vier Jahre hindurch unterrichtet. Ab dem zwölften Lebensjahr besuchen beide die Eliteschule »Stella Matutina«, das Gymnasium der Jesuiten in Feldkirch in Vorarlberg in Österreich. Bereits die zwei älteren Brüder Friedrich und Augustinus besuchten diese Schule.

Kinder aus ganz Europa und auch aus Übersee werden hier von Jesuiten auf Führungsaufgaben im kirchlichen und weltlichen Bereich vorbereitet. Eine solche Privatschule mit sehr qualifizierten Lehrern, mit breiten Bildungsangeboten ist natürlich ein Privileg, das nicht jedem zukommt.

Weil Clemens August in Feldkirch kein von der preußischen Regierung anerkanntes Abitur ablegen kann, wechselt er zusammen mit seinem Bruder Franz zum Gymnasium nach Vechta und legt dort nach zwei Jahren im August 1896 das Abitur ab.

Manchen Schüler und manche Schülerin heute mag es trösten, dass seine schulischen Leistungen als »mittelmäßig« bewertet werden. Eine Bewertung erbrachter Leistungen ist keine endgültige Aussage über die Befähigungen und intellektuellen Leistungen eines Menschen.

Berufs- und Lebensentscheidung

Theologie und Jura sind in der Tradition der Familie naheliegende Studiengänge. Sein älterer Bruder Friedrich hatte bereits die Theologie gewählt, dann aber nach einem Studium in Rom und nach dem Empfang der damals noch üblichen Niederen Weihen einen anderen Weg eingeschlagen. Sein Bruder Wilhelm Emmanuel wird Geistlicher im Benediktinerorden, und drei seiner Schwestern treten in Frauenorden ein.

Clemens August schreibt sich an der Universität München für das Studium der Rechtswissenschaft ein, zieht aber nach Freiburg in der Schweiz und hört dort an der noch jungen Universität philosophische und theologische Vorlesungen und lässt sich inspirieren von den Angeboten in Literatur und Geschichte. Im Frühjahr 1898 reist er mit seinem Bruder Franz drei Monate durch Italien.

In Rom empfängt sie Papst Leo XIII. in Privataudienz. Dieser Papst richtete seine Aufmerksamkeit auf die Arbeiterfrage und umschrieb 1891 in der Aufsehen erregenden großen Sozialenzyklika »Rerum Novarum« erstmals die Grundlagen einer katholischen Sozialordnung. Vielfach zitiert von Galen in seiner Zeit als Bischof dieses Rundschreiben. Für ihn, der sich zeitlebens und besonders als Bischof dem Papst innigst verbunden fühlt, wird diese erste Begegnung mit dem Oberhaupt der Kirche zu den Meilensteinen seines jungen Lebens gehört haben. Manche sagen, in Rom sei auch die Entscheidung zum Priesterberuf endgültig geworden.

Vorbereitung auf den Priesterberuf

Im Oktober 1898 beginnt Clemens August mit zwanzig Jahren sein Studium der Theologie an der Universität in Innsbruck. Er findet Aufnahme im »Canisianum«, dem Studienhaus der Jesuiten. Eine kleine überlieferte Begebenheit mag den ersten Eindruck schildern, den der Regens Prof. Dr. Michael Hofmann von ihm hat. Als der große, breitschultrige Zwei-Meter-Mann mit Schuhgröße 56 – er hatte sich zudem vorher aus Rasierfaulheit einen Bart wachsen lassen – in das Zimmer des Regens tritt, begrüßt ihn dieser: »Wie schön, Herr Graf, dass Sie mitgekommen sind, um selbst Ihren Sohn hierher zu bringen.« Riesiges Gelächter auf beiden Seiten muss alle Anspannung der ersten Begegnung gelöst haben.

Ich lade ein, sich einmal in diese Zeit hineinzuversetzen. In lebhafter Erinnerung ist noch der Kulturkampf in Deutschland und in der Schweiz. Somit setzen sich die Professoren zum Ziel, die Studenten auf Auseinandersetzungen mit dem Nationalstaat und seinen liberalen Auffassungen und auf die Verteidigung christlicher und kirchlicher Positionen vorzubereiten. Manches Rüstzeug wird der junge Clemens August hier erhalten haben, aber auch sein Sinn für Auseinandersetzungen mit dem Staat und seinen Führungsstellen wird geschärft worden sein. Er kann unter den Studierenden nicht ganz unauffällig gewesen sein, wenn ihm dort eine besondere Aufgabe übertragen wird. Er wird zum Bidell ernannt, zum Mittelsmann zwischen der Hausleitung und den 250 Studenten.

Beeindruckt von seinen Jesuiten-Lehrern, insbesondere von Regens Dr. Hofmann, überlegt Clemens August auch, in die Gesellschaft Jesu einzutreten. Er wechselt jedoch Ostern 1903 in das Priesterseminar nach Münster. Auch hier findet er in Regens Everhard Illigens, dessen besonderes Interesse sozialkritischen Themen gilt, einen überzeugenden Begleiter und Lehrer. Gerade das in der Entwicklung von Galens bereits vorhandene sozial-karitative Denken und Bemühen wird durch ihn verstärkt und befruchtet sein späteres priesterliches Wirken. Am 28. Mai 1904 weiht ihn Bischof Hermann Dingelstad im Dom zu Münster zum Priester. Am folgenden Tag feiert er die erste heilige Messe in der von seinem Vorfahren Fürstbischof Christoph Bernhard von Galen (1650-1678) erbauten Josephskapelle am Chorumgang des Domes.

Erste seelsorgliche Erfahrungen in einer besonderen Aufgabe

Der Bischof überträgt ihm die Aufgabe eines Domvikars. Gleichzeitig steht er seinem sehr geistig und geistlich orientierten Onkel, dem Weihbischof Maximilian Gereon Graf von Galen, als Sekretär zur Seite. Dieser hatte zuvor ebenfalls die Stelle eines Sekretärs wahrgenommen und zwar in Mainz bei dem Großonkel von Clemens August, dem aus westfälischem Adel stammenden »Arbeiterbischof« Freiherr Wilhelm Emmanuel von Ketteler. Wie oben gezeigt, hatten dessen Leben und Schriften den jungen Clemens August beeindruckt und angeregt.

So stehen immer wieder Menschen an seinem Weg, die seine vom Elternhaus ererbte Sensibilität für die sozialen Belange der Menschen wach halten und verstärken. Zwei Jahre hindurch begleitet er seinen Onkel auf Visitations- und Firmungsreisen. Dabei lernt er bereits einen großen Teil des Bistums kennen, auch das ihm vom Elternhaus her fremde Industriegebiet und Kohlerevier an Ruhr und Emscher mit den vielfältigen sozialen Problemen.

Eifriger und ideenreicher Seelsorger in Berlin

Ab 1906 lebt und wirkt er 23 Jahre hindurch als Seelsorger in der Diaspora-Großstadt Berlin. Preußisch und protestantisch bestimmtem Denken sieht er sich in der Reichshauptstadt gegenüber. Sein Studium in Innsbruck und Münster, die Begegnung mit erfahrenen Lehrern und seine ersten Erfahrungen in der Begleitung seines Onkels in den sehr unterschiedlichen Regionen des Bistums Münster werden nun der Probe einer Befähigung für diese nicht leichte Aufgabe unterzogen.

In der Pfarrei St. Matthias in Berlin-Schöneberg, unmittelbar angrenzend an den Winterfeldtplatz, übernehmen – auch heute noch – immer Priester aus dem Bistum Münster die seelsorgliche Tätigkeit. Das geht auf das Testament des aus Münster stammenden Geheimen Oberregierungsrates im Preußischen Kultusministerium Matthias Aulicke (1807-1865) zurück, der eine Stiftung zur Gründung einer neuen Seelsorgestation vor dem Potsdamer Tor in Berlin gemacht hatte. Auflage war, dass das Bistum Münster immer einen Priester zur Verfügung stellt.

Als Clemens August von seinem Bischof Hermann Dingelstad die Ernennung zum Kaplan an St. Matthias in Berlin erhält, schreibt er an seinen Bruder Franz: »Wat seggste nu?« Das war wohl für ihn trotz adeliger Herkunft und Eliteschule ein großer Schritt aus dem traditionellen Südoldenburg und aus Münster in die Diaspora-Großstadt.

Vier Jahre wirkt er dort zunächst als Kaplan. Zu Anfang seiner Tätigkeit zählt die Gemeinde 24.000 Katholiken. In immer neu errichteten Wohnblocks suchen die Menschen Heimat, so dass die Gemeinde bis 1911 auf 28.000 Katholiken anwächst. Allein dieses schnelle Wachsen weist auf die vielfältigen existenziellen und sozialen Probleme der Menschen der Gemeinde hin. Er wird also schon früh konfrontiert mit all den Problemen eines gesellschaftlichen Wandels und mit den vielfältigen geistigen Strömungen einer Großstadt. Wie wirkt diese neue Umgebung auf ihn? Wird sie ihn verändern? Wird er seine Identität und Geradlinigkeit wahren können?

Bald erweist sich die Aufteilung der Gemeinde und die Errichtung einer zweiten Pfarrei als notwendig, und es kommt zur Gründung von St. Norbert in der Nähe des Schöneberger Rathauses. Zum Bau der Norbertkirche und dem dazugehörigen Krankenhaus leistet von Galen einen großen finanziellen Beitrag aus seinem Erbteil.

Nun wird der Kaplan von Galen vor eine neue Aufgabe gestellt. Er wird mit der Sorge für den von Adolf Kolping 1852 gegründeten Berliner Gesellenverein betraut. »Neben allem anderen, wohl etwas viel für den Anfang«, bemerkt er. Als Präses des Zentralvereins und der drei Berliner Ortsvereine weiß er sich den 700 Gesellen gegenüber verpflichtet und begleitet viele von ihnen menschlich und religiös. Den Problemen der zugewanderten Gesellen, die Arbeit suchen und sich in der neuen Umgebung zurecht finden müssen, ist er bereits auf den Reisen mit seinem Onkel, dem Weihbischof Maximilian Gereon, in der Region des Ruhrgebietes begegnet.

Er ist nicht nur der persönliche Seelsorger der Gesellen, er geht auch tatkräftig ans Werk, den Gesellen jenen sozialen Raum zu geben, den sie für ihr Leben und ihre Entwicklung brauchen. Darin erkennt er seinen religiösen und sozialen Auftrag. Er ersetzt das nicht mehr ausreichende alte Gesellenhospiz durch einen zeitgemäßen Neubau in der Nähe des heute nur noch als Ruine mehr existierenden Anhalter Bahnhofs im Bezirk Kreuzberg. Dort, an der jetzigen Stresemannstraße, baut er ein neues Gesellenhaus für 200 Bewohner und mit 18 Unterkünften für weiter wandernde Gesellen. Er stiftet den Rest seines ererbten Vermögens. 1911 wird er zum Kuraten und damit zum selbstständigen Seelsorger an der mit dem Gesellenhaus neu errichteten Clemens Maria Hofbauer-Kirche ernannt.

Der Standort am Anhalter Bahnhof macht das Gesellenhaus schnell zu einer Anlaufstelle für Zugereiste aus vielen Richtungen Deutschlands. Gesellenhaus und Kirche werden zum Zentrum des katholischen Lebens in Berlin. Religiös und menschlich ist von Galen vielen Gesellen ein beeindruckender Seelsorger. Er lebt in zwei einfachen Zimmern in dem Gesellenhaus, immer für die Gesellen erreichbar und in ihrer Nähe.

Vor allem ist ihm auch die Bildungsarbeit ein wichtiges Anliegen. In Vorträgen und Gesprächen geht es ihm immer wieder um Fragen des Glaubens und um soziale Verantwortung. So vertritt er den Standpunkt, dass den Gesellen eine eigene »Sparkasse« Unabhängigkeit und Sicherheit verschafft. Sie stärkt die Selbstverantwortung und bewahrt vor einer zu starken Allmacht des Staates.

Ein Beispiel seiner zeitgemäßen Seelsorge: Weil viele Gemeindemitglieder in Hotels arbeiten und am Sonntagmorgen nicht zur Kirche kommen können, bemüht er sich in Rom um eine Erlaubnis für eine Sonntagabendmesse, die ihm allerdings nicht erteilt wird.

Als der Krieg ausbricht, stellt er sich zum Dienst im Militär zur Verfügung. Er möchte den Gesellen ein gutes

Beispiel geben, zieht aber sein Angebot zurück, da genügend Priester zur Verfügung stehen.

Vaterländische und sozial-karitative Gesinnung sind ihm in die Wiege gelegt. Schon zu Anfang des Ersten Weltkrieges stellt er im Gesellenhaus Raum für ein Lazarett für verwundete Soldaten zur Verfügung. Er reist August 1918 nach Litauen und Kurland, um dort ein Siedlungsprojekt für aus Südrußland vertriebene katholische deutsche Bauern zu unterstützen.

Von Galen schreibt seine Gedanken zum Zusammenbruch Deutschlands und zum Ende der Monarchie nieder. Er sieht den Verfall letztlich begründet in der zunehmenden Allmacht des Staates, die zur Entfremdung seiner Bürger führt. Wichtig sind ihm die freiheitliche Betätigung des Einzelnen und das freiheitliche Leben und Wirken der Gemeinschaften wie Familie, Verbände und Kirche. Es ist faszinierend, wie er an wenigen Kernpunkten sein Menschen- und Gesellschaftsbild festmacht und konsequent dafür kämpft. Nicht erst die Nationalsozialisten machen ihn zum Widerstandskämpfer.

Pfarrer in Berlin

Nach der Kaplanszeit rechnet von Galen damit, die Aufgabe eines Subregens im Priesterseminar in Münster übernehmen zu sollen, jedenfalls geht so das Gerücht. Er wird dann jedoch überraschend von Bischof Johannes Poggenburg zum Pfarrer von St. Matthias in Berlin ernannt als Nachfolger von Pfarrer Franz Sprünken, der nach Emmerich versetzt wird.

Kurz vor Weihnachten erfolgt seine Einführung. Als sechster Pfarrer übernimmt er die Leitung der inzwischen großen Gemeinde. Viele Gemeindemitglieder kennen ihn noch aus der Zeit von 1906 bis 1911 als ihren Kaplan. Heute erinnern eine Gedenktafel an der Außenmauer, eine Türschließe mit seinem Wappen und dem Bildnis eines Löwen und ein Fenster mit dem Kardinalsbildnis – daneben auch Fenster mit den Bildnissen von Edith Stein, Bernhard Lichtenberg und Adolf Kolping – an seine Wirksamkeit dort. Das Jugendheim der Gemeinde trägt den Namen »Graf von Galen«, und das Seniorenheim den Namen »Kardinal von Galen«.

Er ist sicher nicht der wendige und moderne Idealpfarrer, den sich manche in der Gemeinde erträumen. Aber sein Leben und Wirken sind gekennzeichnet durch drei hervorstechende Merkmale.

> Zunächst ist er wirklich Seelsorger, der bei vielen Hausbesuchen auch den einzelnen Menschen nachgeht. Von dieser Art seiner nachgehenden Seelsorge hat mir ein inzwischen verstorbenes Ehepaar berichtet, das damals in Berlin wohnte und ihn als Pfarrer erlebt hat. Als es hinsichtlich ihrer Trauung Schwierigkeiten gab und der Pfarrer zunächst die Eheassistenz verweigerte, stand er eines Tages plötzlich vor der Tür des jungen Paares, um mit ihm einen Weg für die kirchliche Trauung zu suchen. Diese Zuwendung und Sorge von Galens hat das junge Paar sehr beeindruckt. Beide haben sich ihr Leben lang und der Bräutigam gar bis zu seinem hundertsten Lebensjahr daran erinnert.

Diese Sorge und Zuwendung scheinen viele Menschen in der Gemeinde gespürt zu haben. Für die Kirche der Pfarrei besorgt er Reliquien des heiligen Matthias von Trier. Er holt die Hiltruper Missionare nach Berlin, und er führt 1928 die jährliche Fronleichnamsprozession ein.

> Es wird berichtet, dass er den Armen und Kranken in seiner Gemeinde »sein ganzes Herz und viel aus seiner Tasche« schenkt, besonders in den Hungerjahren 1922/23. Zum Höhepunkt der Inflation im zweiten Halbjahr 1923 erhalten Monate hindurch 100 Personen täglich eine warme Mahlzeit. Er durchlebt und durchleidet mit den Menschen die Zeit der Inflation und der steigenden Arbeitslosigkeit in einer Zeit politischer und sozialer Unruhen. Die Zahl der Todesfälle übersteigt die Zahl der Geburten, und Kirchenaustritte sind nicht selten.

> Zudem fällt sein starkes öffentlichkeitsorientiertes Wirken auf. Anlässlich von Diskussionen und Tendenzen in der Weimarer Nationalversammlung zur Schulfrage, fordern die Berliner Katholiken auf Demonstrationen und durch Unterschriftenaktionen die mit öffentlichen Mitteln finanzierte katholische Volksschule für katholische Kinder. Von Galen meldet sich in Versammlungen und schriftlich in Zeitschriften- und Zeitungsartikeln immer wieder zu Wort. Er argumentiert mit dem Elternrecht als Teil des Naturrechtes und damit des göttlichen Rechtes.

Eindeutig und scharf schreibt er: Es gibt »keine entwürdigendere und empörendere Knechtschaft, als wenn der Staat die heiligsten Familienrechte mit Füßen tritt, die Kinder den Eltern entreißt und ihnen in der Zwangsschule gewaltsam staatlich abgestempelte Weisheit aufzwingt.« Man meint, den späteren Bischof zu hören.

Wichtig ist ihm auch ein gut gestaltetes Kirchenblatt, zu dem er auch den Berliner Klerus ermuntert. Er sorgt für die Verteilung des Kirchenblattes auch in den umliegenden Hotels.

Besonders innigen Kontakt hält er in dieser Zeit zu seinem Bruder Franz. Mit der vertraulichen Anrede »Lieber Kleiner« und »Lieber Alter« oder mit den Spitznamen »Strick« (Franz) und »Clau« korrespondieren sie und tauschen ihre Gedanken aus.

Immer Sorge um den ganzen Menschen

Von Anfang an bedeutet »Seelsorge« für ihn die »Sorge um den ganzen Menschen«. Er verweist später einmal – im Hirtenbrief vom 6. Februar 1938 – auf die Formel: »Das Diesseits für den Staat, das Jenseits für die Kirche.« »Die Sorge für das Jenseits«, sagt er, muss die Kirche »erfüllen und kann sie nicht anders erfüllen, als indem sie die Menschen lehrt und anleitet, dass sie ihr diesseitiges Leben nach ›religiösen Prinzipien‹, nach dem heiligen Willen Gottes gestalten.« Dazu gehört für ihn vor allem soziale Gerechtigkeit.

Das Naturrecht und die Freiheit der Kirche sind ihm Herzensanliegen. Zu diesen Fragen erwartet er auch die Klarheit der Bischöfe. Er schreibt an seinen Bruder Franz: »Aber alles wird nicht helfen, wenn nicht die Bischöfe die Sache in die Hand nehmen, ihrem Volk mit aller Energie und Klarheit die Augen öffnen.« Das ist wie ein Exkurs auf sein späteres Bischofsamt.

1928 stellt er in einem Brief einmal eine Liste mit elf veröffentlichen Artikeln zusammen und nennt sie ironisch meine »gesammelten politischen Schriften«.

Die priesterlichen Mitbrüder in Berlin mögen ihn, weil er seine adelige Herkunft und seinen Titel nie betont. Er selbst schreibt einmal in einem Brief (1925 an Christoph Bernhard von Galen): »Der ererbte Adelstitel hat ja kaum einen Wert, wenn die edle Gesinnung der Vorfahren verloren geht.«

Er ist bekannt als »demütiger, frommer, äußerst gewissenhafter und seelsorglich eifriger Priester«. Er gilt »als streng in seinen kirchlichen Ansichten«, als »schwerfällig in seinem Wesen«, als »sehr ernst und zurückhaltend«. In seinen geistigen Gaben schätzt man ihn als »wenig talentiert« ein, und er ist, so sagte man in Berlin, »als Prediger langweilig und ohne jedes Talent«, dazu eben ein sturer Oldenburger. Er erzählt selber später einmal, dass er seine erste Predigt bei großer Hitze anlässlich einer Aushilfe zu Pfingsten in Münster-Angelmodde gehalten habe. Sie sei wohl nicht sehr aufrüttelnd gewesen, da einige Bauern eingeschlafen seien.

Die außerordentliche Wirksamkeit seiner späteren Predigten lässt an Paulus erinnern, der den Korinthern schreibt: »Als ich zu euch kam, Brüder, kam ich nicht, um glänzende Reden oder gelehrte Weisheit vorzutragen, sondern um euch das Zeugnis Gottes zu verkündigen« (1 Kor 2,1). Das ist vielleicht das Kennzeichnende seiner Predigten, die uns aus seiner Bischofszeit überliefert sind, dass sie immer Zeugnisse seines eigenen Glaubens sind. Wer gibt schon den Maßstab für eine gute Predigt? Jedenfalls ist er ein Mann des Wortes. In den Hörern und auch in denen, die sich seinem Wort verschließen, entfaltet sein Wort eine gewaltige Kraft. Im Gebet lässt er Gottes Kraft in sein eigenes Wort einfließen, und dadurch wird es zu einem machtvoll wirkenden Wort. Priesteramtskandidaten könnten sicher bei ihrer Ausbildung für den Predigtdienst unverzichtbare Elemente einer wirksamen Predigt in den Galen-Predigten entdecken.

Unterstellungen

Seine sich aus seinem einfachen und klaren Menschenbild ergebenden kantigen und kernigen Einlassungen in mündlichen Äußerungen und in Zeitungs- und Zeitschriftenartikeln sind zusammen mit seiner adeligen Herkunft oft Anlass zu Unterstellungen, er sei »Deutsch-National« oder »Rechtskatholik«.

Zu diesem ihm aufgezwungenen Bild nimmt von Galen schon 1928 Stellung. Er schreibt an Heinrich Holstein, der von 1915 bis 1926 bei ihm in St. Matthias in Berlin als Kaplan tätig war: Was ihn verdächtig mache, sei die Tatsache, dass er »Grundsätze habe, die nicht jeden Tag mit der augenblicklich populären Tagesmeinung wechseln. ... Von diesen Grundsätzen werde ich, solange ich sie für wahr halte, nicht ablassen, und werde sie auch bei Gelegenheit, wenn ich hoffe, dass es Nutzen stiften kann, aussprechen und verteidigen, auf die Gefahr hin, dass ich mir nicht nur die ›Finger‹, sondern die ganze Hand verbrenne!«

Er ist konservativ-monarchisch gesinnt. So schätzt er einerseits die Weimarer Reichsverfassung aufgrund der in ihr verankerten naturrechtlich begründeten Menschenrechte, bleibt ihr gegenüber jedoch distanziert. Dass alle Macht vom Volk ausgeht, Mehrheiten grundsätzlich entscheiden und zudem Gott in der Verfassung nicht genannt wird, löst Vorbehalte in ihm aus.

Er veröffentlicht im Juli 1919 einen Aufsatz, in dem er seine Treue zur Reichsverfassung zum Ausdruck bringt, aber die alleinige Legitimierung der Staatsmacht durch das Volk in Artikel 1 scharf kritisiert und ablehnt. Er sieht hier einen krassen Widerspruch zu dem Pauluswort im Römerbrief (13,1), dass »jede Obrigkeit von Gott angeordnet ist«. Auch nach dem Krieg hätte er bei der Neugründung einer christlichen Partei lieber den Namen »christlich-sozial« der Bezeichnung »christlich-demokratisch« vorgezogen.

Unabhängig von Menschengunst und von Menschenfurcht

Seinem Kaplan Holstein erläutert er, wie er sein politisches Engagement – er nennt es die »leidige Politik« – versteht: Er wolle nicht »aus der Politik bleiben«, doch »nur in dem Sinn, dass ich auch politische Fragen für wichtig genug halte, sie im Lichte ewiger Wahrheiten zu betrachten und versuche, mir in diesem Licht ein von Menschengunst und Menschenlob unabhängiges Urteil zu bilden«.

Hier klingt bereits sein Lebensmotiv an, das sich von Galen später als Leitwort seines bischöflichen Dienstes wählt »nec laude nec timore«, »weder Lob noch Tadel«.

Hier stoßen wir bereits auf das, was seine Größe ausmacht. Es sind

> sein unerschütterlicher Glaube als Bezugspunkt zu Gott, der ewigen Wahrheit,
> das jedem Menschen von Natur aus zustehende Recht,
> sein von Menschenlob und Menschenfurcht unabhängiges Urteil und
> sein auch lebensgefährlicher, gewagter Einsatz.

Er ist überzeugt, dass die Sittlichkeit untergraben und Menschenrechte verletzt werden, wo der Glaube an einen persönlichen Gott fehlt. Dort beginnt Neuheidentum. Es sind einfache Koordinaten seines Welt- und Menschenbildes, die keiner scharfsinnigen Theologie und keiner geschliffenen Rede in Darstellung und Verkündigung bedürfen. Aber sie sind einprägsam und allgemeinverständlich. Mit diesen klaren Denkmustern meldet er sich häufig zu Wort zu aktuellen Tagesthemen.

Der Widerstandskämpfer von Galen ist nicht erst in der Auseinandersetzung mit dem Nationalsozialismus geboren. Schon vorher lebt der Widerstandsgeist in ihm immer da, wo die Freiheit der Kirche, wo Rechte des Menschen und wo der Glaube bedroht sind.

Pfarrer in Münster

Bischof von Galen spricht in seinem ersten Hirtenbrief vom 28. Oktober 1933 – das ist der Tag seiner Bischofsweihe – von den »ersten glücklichen Priesterjahren« als Begleiter des Weihbischofs Max Gereon, und er schaut zurück auf »dreiundzwanzig unvergesslich schöne Arbeitsjahre als Kaplan, als Kuratus und Gesellenpräses bei St. Clemens, als Pfarrer von St. Matthias in der Reichshauptstadt Berlin«.

Bischof Johannes Poggenburg holt ihn zurück nach Münster. Er erwartet, dass von ihm Einfluss ausgehe auf den Westfälischen Adel, da eine Reihe von Adeligen sich dem deutschnationalen und auch dem nationalsozialistischen Lager zuwandten. Er erwartet, dass von Galen als unbeirrbarer Zentrumsmann, der sich stets gegen den liberalen Flügel des Zentrums zur Wehr setzte, hier seinen Einfluss geltend macht.

Von Galen hatte bereits häufiger in Vorträgen seine Standesgenossen aufgerufen, in der Öffentlichkeit ihre sozialen und christlichen Vorstellungen zum Ausdruck zu bringen. Das versuchte vor allem auch sein Bruder Franz, der seit 1932 in der Zentrumsfraktion des preußischen Landtags öffentlichkeitswirksam mitarbeitete.

Nachfolger von Galens in Berlin wird der aus Oelde stammende Pfarrer Albert Coppenrath. Auch dieser behauptet seine Stellung gegenüber den Nationalsozialisten und handelt sich den Namen »Dickkopf vom Winterfeldtplatz« ein.

Am 24. April 1929 wird von Galen als Pfarrer von St. Lamberti, der Stadt- Markt- und Pfarrkirche in Münster eingeführt. Knapp zwei Jahre später wird ihm auch die Sorge für St. Servatii übertragen. Nach der Restaurierung dieser Kirche eröffnet Bischof von Galen hier am 29. Oktober 1933, am Tag nach der Bischofsweihe, mit seinem ersten Pontifikalamt feierlich die »Ewige Anbetung«. Die Liebe von Galens zu der Anbetungskirche St. Servatii ist ein deutliches Zeichen für die Quelle, aus der er Kraft und Ermutigung schöpft für seinen politischen Weg und eine Botschaft an alle Christen, im Geheimnis der Anbetung ihre Mitte neu zu entdecken.

Als von Galen seinen Dienst als Pfarrer in St. Lamberti übernimmt, sind es noch etwa dreidreiviertel Jahre bis zur Machtübernahme Hitlers am 30. Januar 1933.

Gegenüber der Großstadt Berlin mit den politischen und sozialen Unruhen und der Pfarrgemeinde St. Matthias mit den vielen neuen Wohnblocks und ihren Menschen mit vielfältigen religiösen und existentiellen Problemen ist Münster eine beschauliche Stadt mit etwa 106.000 Einwohnern. Beamte und Angestellte in Behörden und Verwaltungen, in Bildungseinrichtungen und Direktionen, und Kaufleute, Handwerker und Dienstpersonal bilden eine starke Schicht. Bei der Reichstagswahl 1930 erhält die Zentrumspartei mehr als 50 % der abgegebenen Stimmen. Erst bei der Kommunalwahl am 12. März 1933 liegt die NSDAP mit 40,2 % der abgegebenen Stimmen kurz vor dem Zentrum mit 39,7 % der abgegebenen Stimmen.

Die Pfarrgemeinde St. Lamberti hat 6.700 Mitglieder. Die Stadt- und Marktkirche mit den feierlichen und öffentlichen Gottesdiensten der politischen Gremien nach Neuwahlen und mit der vielbesuchten Silvesterpredigt zum Jahresschluss ist mit seinem auffälligen Bauwerk

Die Eltern sind
die ersten und erstverpflichteten
Religionslehrer der Kinder
auch während der Schulzeit,
auch nach der Schulzeit sind
alle katholischen Eltern verpflichtet,
sich ernst und gewissenhaft
um den religiösen Unterricht
ihrer Kinder und
um die Anleitung derselben
zum Leben
nach den christlichen Grundsätzen
zu kümmern.

Hirtenbrief vom 16. April 1939

Ein bedeutsames Amt
der religiösen Jugenderziehung
liegt bei euch christliche Eltern.

Nächst Gott gehören die Kinder
euch.

Kindererziehung ist euer
vornehmstes und eigenstes Amt.

Ihr dürft für euch
das Wort in Anspruch nehmen:
»Wir sind Mitarbeiter Gottes«
(1 Kor 3,9).

Die Eltern nehmen
für den Kreis ihrer Familie
teil am Lehramt, Priesteramt und
Hirtenamt der Kirche.

Hirtenwort vom 18. Mai 1937

und den Wiedertäuferkäfigen am Turm neben dem Dom ein besonderer Anziehungspunkt in Münster.

Auch in Münster gehört das Herz des Pastors von Galen in besonderer Weise wieder den sozial Schwachen. Er arbeitet mit im städtischen Sozialausschuss. Dieser karitativ-soziale Einsatz, der ihn in Berlin auszeichnete, kommt hier wieder zur Geltung. Auch später als Bischof – in der Not des Kriegs sofort nach dem ersten Bombenangriff auf Münster – ruft er zur Hilfe auf. Im Hirtenwort vom 14. Juli 1941 schreibt er: Es gilt, »in christlicher Nächstenliebe die Hände zu regen, um der Not zu steuern und den Notleidenden zu helfen«. Im Arbeiterverein der Liebfrauen-Überwasser Gemeinde wirkt er aufbauend und ermutigend mit.

Auch bringt er sich hier wie auch vorher in Berlin öffentlichkeitswirksam ein. Durch seine Schrift »Die Pest des Laizismus« gibt er 1932 seiner Besorgnis über die religiös-sittliche Lage der deutschen Katholiken Ausdruck. Er beklagt die Entchristlichung des kirchlichen Lebens in vielen Bereichen des öffentlichen Lebens wie Theater und Literatur, in Sitte und Mode, in Schule und Erziehung und in Wirtschaft und Politik. Und er warnt wiederum auch hier in Münster vor der allein im Volkswillen gründenden Allmacht des Staates.

Als Pfarrer von St. Lamberti erlebt er sehr bald nach Hitlers Machtübernahme erste Diffamierungen der Zentrumspartei und anderer Organisationen und Personen und erste Unrechtshandlungen. Der Jungmännerverband wird aufgelöst. Die Polizei sucht am Samstag, dem 1. Juli 1933, den Präses auf, um die Geschäftsstelle zu schließen, das Vermögen einzuziehen und alle Veranstaltungen zu verbieten.

Sofort am Montag protestiert von Galen als verantwortlicher Pfarrer schriftlich und mündlich bei der Polizei und beim Regierungspräsidium. Seine Argumente sind rechtlich gut abgesichert und präzise. Er bezeichnet die Maßnahme als »unerträgliche öffentliche Ehrenkränkung der Vereinsmitglieder, des Präses und des verantwortlichen Pfarrers«.

Hier wird schon die Struktur seines Widerstandes deutlich, den von Galen auch später als Bischof immer wieder leistet. Er ist präzise in der Bezeichnung des Unrechts, er wendet sich an die zuständigen Instanzen. Und er stellt sich auf den Boden des Rechts. Als Pfarrer von St. Lamberti weiß sich von Galen am richtigen Platz, er liebt die Anrede »Herr Pastor« und stellt sich darauf ein, dort sein Leben einmal zu beschließen, wie er später bei der Verabschiedung von St. Lamberti sagt.

Lieber Leser und liebe Leserin! Selten spült der Augenblick einem Menschen Fähigkeiten und Kraft zu, seine Verantwortung wahrzunehmen. Es bedarf über Erziehung, Ausbildung, beruflicher Erfahrung und das Gewinnen eines persönlichen Umfeldes hinaus einer ethischen und charakterlichen Bildung, die ein Mensch in harter Arbeit an sich selber erwerben muss, um an dem Platz und an dem Ort, wohin ihn die Geschichte stellt, verantwortlich Stellung nehmen und handeln zu können.

Auch Glaube ist weder angeboren, noch stellt er sich in christlicher Umgebung automatisch ein. Nur aus der ständig wiederkehrenden Begegnung mit Gott und aus dem Gebet wird der Glaube geboren, der zu einem überzeugenden christlichen Leben befähigt und der Kraft gibt, sein Leben wagemutig einzusetzen.

Der Mensch von Galen

Zur Zeit der Übernahme des Bischofsamtes ist von Galen in seinen Einsichten und Beurteilungen geprägt; er liebt die Kirche und mag keine Kritik an ihr. Er ist kindlich gläubig; er arbeitet an sich und lässt sich auf Schwächen aufmerksam machen. Er übergeht nie die Anliegen seiner Kapläne. Er ist ein großer Beter. Oft wallfahrtet er als Bischof in der Frühe nach Telgte.

Bereits in Berlin tritt er der aufkommenden, damals frivol wirkenden lockeren Mädchenkleidung vehement entgegen. Er tadelt die Mädchen, überschlägt zwei von ihnen an der Kommunionbank und handelt sich prompt dafür heftige Auseinandersetzungen ein. Auch mit seinem Kaplan Holstein streitet er über den Vorfall. Von Galen verweist dabei auf die Schwächen der menschlichen Natur, denen nachzugeben er verhindern möchte.

Zum Frühstück betet er nicht und erklärt den jungen verdutzten Theologiestudenten, dass er das von seiner Mutter nicht gelernt habe. Bei den Mahlzeiten geht es einfach zu. Messer und Gabel benutzt er nur gleichzeitig, wenn er auf dem Teller den Pfannkuchen zerteilt. Eine der Tradition verbundene, patriarchalische Figur.

In manchen theologischen Fragen ist er einseitig der Tradition verhaftet. Seine Theologie ist solide und hat nicht das Kennzeichen einer besonderen Originalität. Er sucht die Menschen zu gewinnen zu einer genau einzuhaltenden kirchlichen Ordnung. Letzte Instanz ist und bleibt jedoch immer für ihn das Gewissen.

Als ihn in Berlin sein Kaplan bewegen will, einem tieffrommen Sänger aus der Gemeinde zuliebe einmal in die Oper zu gehen, lehnt er zunächst ab, sagt dann aber seiner Haushälterin: »Katharina, machen Sie mir ein paar Butterbrote, ich muss in die Oper.«

Tendenzen der Priesterbildung, sich mehr mit den Werten von Literatur, Kunst und Theater, also der modernen Kultur auseinander zu setzen, um erfolgreich Seelsorge betreiben zu können, hält er entgegen: Der demütige kreuztragende Seelsorger vermöge die gottentfremdete Menschheit zu retten. Er ist überzeugt, Abtötung und enger Anschluss an die Kirche bewahren vor selbst erlösendem Subjektivismus, intensives Gebet stärkt das Leben aus dem Glauben. Sein Weltbild ist durch und durch religiös bestimmt und bedarf nicht einer dem jeweiligen Zeitgeist entstammenden besonderen kulturellen Überhöhung.

In seinem Verständnis dieses Welt- und Menschenbildes liegt wohl der tiefste Grund seines späteren Konfliktes mit denen, die mit brutalen Mitteln sich einem anderen, in Blut und Rasse und in unversehrter körperlicher Abstammung und Gesundheit gründendem Welt- und Menschenbild verschrieben haben und Mensch und Natur zu vergöttlichen beginnen.

Ernennung zum Bischof von Münster

Mit 55 Jahren wird er Bischof von Münster. Sein Vorgänger im Bischofsamt, Johannes Poggenburg, stirbt am 5. Januar 1933. Unmittelbar danach ist der Name Clemens August Graf von Galen als Nachfolger in vieler Munde und wird auch bald in der Öffentlichkeit genannt.

Er selbst ist nicht ohne Vorahnungen. Vielleicht war von den Vorgängen um die Bischofswahl auch bereits etwas durchgesickert. Denn nach dem Preußenkonkordat von 1929 reicht das Domkapitel eine Namensliste mit geeigneten Kandidaten nach Rom ein. Ebenso melden die Bischöfe der preußischen Diözesen Kandidaten nach Rom. Rom gibt eine Liste mit drei Namen zurück, aus denen das Domkapitel den Bischof wählt.

Joachim Kuropka weist in einem kürzlich in Münster gehaltenen Vortrag darauf hin, dass nach neu zugänglichen Quellen im Vatikanischen Geheimarchiv zu belegen ist, dass Pfarrer von Galen als dritter Kandidat auf der Liste des münsterschen Domkapitels stand. Auch vier von den acht Bischöfen der preußischen Diözesen hatten Pfarrer von Galen vorgeschlagen.

Auf der Dreierliste, die von Rom an das Domkapitel zur Wahl zurückgegeben wird, findet sich der Name von Galen nicht. Als das Domkapitel aus dieser Liste den aus Lippborg stammenden Berliner Domkapitular Heinrich Heufers wählt, verzichtet dieser. Er nennt gesundheitliche Gründe. Der wahre Grund ist: »Es seien ihm von Regierungsseite so viele Schwierigkeiten und Hindernisse angedroht worden, dass er es für klüger gehalten habe zu verzichten«, so berichtete er später selber. Dompropst Adolf Donders, der ebenfalls auf der Liste stand, hatte bereits vorher auf seinen Gesundheitszustand hingewiesen, der es ihm nicht erlaube, in dieser Zeit einer so großen Diözese vorzustehen. So kommt es dazu, dass der Papst Pfarrer von Galen der Liste hinzufügt, und das Domkapitel wählt ihn am 18. Juli 1933 einstimmig zum Bischof von Münster.

Auch 1930 hatte er bereits als Bischofskandidat auf einer Liste gestanden für die neu errichtete Diözese Aachen. Zudem war von Galen dem römischen Kardinalstaatssekretär Eugenio Pacelli, dem späteren Papst Pius XII., aus seiner Zeit als Nuntius in Berlin persönlich bekannt.

Papst Pius XI. ernennt gemäß der einstimmigen Wahl am 5. September 1933 Clemens August Graf von Galen zum Bischof von Münster. Die Weihe und feierliche Inthronisation erfolgten am 28. Oktober 1933, dem Fest der Apostel Simon und Judas. Es sind etwa neun Monate vergangen seit der Machtübernahme Hitlers. Als 69. Nachfolger des heiligen Liudger wird er diesem in seinem missionarischem Eifer und in seiner missionarischen

Kraft nicht nachstehen. Die Staatsregierung erhebt bei der Wahl von Galens keine Einwände. Joachim Kuropka weist jedoch hin auf ein Schriftstück des münsterschen Domkapitels an den Nuntius vom 14. August 1933, das in den jetzt zugänglichen Quellen gefunden wurde. Darin heißt es, »dass die örtliche Leitung der National-sozialistischen Partei gegen seine Bestätigung bei der Regierung Schwierigkeiten erhebt.«

Wer ihn und seine bisherigen eindeutigen Stellungnahmen kennt, weiß, dass er die Rechte der Menschen, vor allem das Naturrecht und Elternrecht, verteidigen und sich allen unberechtigten staatlichen Übergriffen widersetzen wird. Den Weg, den er in Berlin und als Pfarrer von St. Lamberti in Münster beschritten hat, wird er unbeirrt fortsetzen.

Vereidigung als Bischof

Vor der Übernahme des Bischofsamtes muss der künftige Bischof laut inzwischen abgeschlossenem Reichskonkordat vor Repräsentanten der Regierung einen Eid ablegen. Der Wortlaut ist festgelegt und heißt: »Ich schwöre und verspreche, die verfassungsmäßig gebildete Regierung zu achten und von meinem Klerus achten zu lassen«, eine Formulierung nicht ohne Fußangeln.

Von Galen bittet die Regierung, den Treueid in die Hand des über 80-jährigen Reichspräsidenten Paul von Hindenburg selbst ablegen zu dürfen. Er will wohl eine Begegnung mit Hitler und die Eidesleistung in seine Hand vermeiden. Er schreibt an den Reichsinnenminister Wilhelm Frick: »Da es das erste Mal nach Abschluss des Konkordates sein wird, dass diese feierliche Handlung vollzogen wird, erlaube ich mir, den Wunsch auszusprechen, dass es mir vergönnt werden möge, den Treueid in die Hand des Herrn Reichspräsidenten selbst ablegen zu dürfen.« Hitler beauftragt jedoch Hermann Göring als preußischen Ministerpräsidenten und stellvertretenden Reichsstatthalter in Preußen zur Entgegennahme des Treueides.

Ein Kruzifix, wohl sein Bischofskreuz, und das Neue Testament bringt von Galen vorsorglich für die feierliche Ablegung des Eides – sie ist ein religiöser Akt – mit und siehe da; es war auch notwendig. Im Rahmen des Zeremoniells bei der Eidesleistung hält von Galen eine kurze, sehr aufschlussreiche Rede. Er sagt, »dass es ihm nicht nur Pflicht, sondern auch Herzenssache sei, Volk, Heimat und Vaterland nach besten Kräften zu dienen und als Christ die rechtmäßige Obrigkeit zu achten«. Das kommt sicher aus seinem Inneren. Er liebt das Vaterland, und er möchte seinem Wohl auch als Bischof dienen.

Er sagt dann weiter, der Eid verpflichte ihn aber auch, »auf drohende Gefahren für das Wohl unseres Volkes aufmerksam machen zu müssen«. Er hoffe, in einem solchen Fall dann aber auch bei der »Staatsleitung verständnisvolles Gehör zu finden«.

Wer hier genau hinhört, der wird dieser Ansprache entnehmen, dass er einer zu starken Identifizierung mit dem neuen System vorbeugt und er sich eine gewisse Distanz offen hält. Ja, er sieht in dem Eid sogar eine Verpflichtung, zum Wohl des Volkes mitzuwirken. Bisherige Erfahrungen haben ihn weitsichtig gemacht. Er wird sich später öfter auf den Eid berufen.

Hier bestätigt sich wieder, dass von Galen aufgrund seiner eindeutigen Grundsätze, die in wenigen markanten holzschnittartigen Leitlinien bestehen, in der praktischen Handhabung dieser Grundsätze klug und fest seinen Weg abzirkelt. Von Anfang an hat er die totale Diktatur befürchtet, wenn die NSDAP an der Macht beteiligt wird oder die ganze Macht erhält.

Es ist kein Widerspruch, wenn er trotzdem auffordert und auf dem Recht besteht, mitzuwirken an dem »Neubau des deutschen Hauses auf den Grundlagen, die nach Gottes Willen ein gesundes Volks- und Staatsleben tragen sollen. Dazu sind wir verpflichtet, dazu drängt uns auch das Herz, das in größter Liebe zu Volk und Vaterland schlägt.« So sagt er am 20. Januar 1935 in Münster vor Vertretern der Kolpingsfamilie.

Immer wieder scheinen bei ihm Hoffnungen durch, dass es zu einer Erneuerung Deutschlands auf der Grundlage christlichen Glaubens kommt. So fährt er vor den Vertretern der Kolpingsfamilie fort: »Wir wollen uns nicht wundern und es nicht überschätzen, wenn es zunächst während des Neubaus noch nicht immer so geordnet und störungslos zugeht, wie in einem fertigen geordneten Hauswesen; und wir wollen die Hoffnung nicht aufgeben, dass Missgriffe und Störungen, die uns verletzen und schmerzen, vorübergehende Erscheinungen einer gärenden Zeit sind, die überwunden werden.« Nach seiner Meinung kann anfangs selbst der Krieg dem Wohl des deutschen Volkes dienen. Am 25. Februar 1942 schreibt er in einem Hirtenwort: »Voll inniger Liebe gedenken wir unserer Soldaten in der Ferne, die den Ansturm der Feinde, den gewaltsamen Einbruch des gottlosen Bolschewismus von unserer Heimat fernhalten.«

Lieber Leser und liebe Leserin! Verfallen wir schnell und unüberlegt den Trends der Zeit? Haben wir Distanz zu Strömungen der Zeit, die sich als modern und zeitgemäß ausgeben? Sagen wir nicht oft: »Die Zeit ist heute nun mal so.« Wer sich immer nur anpasst, läuft Gefahr, verbogen zu werden. Es ist wichtig zu lernen, durch Vordergründiges hindurchzuschauen und sich kritisch mit dem Zeitgeist auseinander zu setzen.

Das Reichskonkordat

Im ersten Jahr der Regierung Hitlers glaubt man seinen Versprechungen und Zusagen. In seiner Regierungserklärung vom 23. 3. 1933 hatte er erklärt, dass die »nationale Regierung« »in den beiden christlichen Konfessionen wichtigste Faktoren der Erhaltung unseres Volkstums« sehe und die zwischen ihnen und den Ländern abgeschlossenen Verträge respektieren werde. So schließen Rom und die Reichsregierung bereits ein halbes Jahr nach Hitlers Machtübernahme ein Konkordat ab, d. h. Vereinbarungen mit rechtlichem Charakter über Staat und Kirche gemeinsam betreffende Fragen vor allem auch im Hinblick auf das Schulwesen. Dies war in der Weimarer Zeit nicht möglich gewesen.

Man brauchte in vielen Fragen Rechtssicherheit, um auch ein Abweichen der Regierung von Zusagen feststellen und einklagen zu können. Manche sagen, die Verhältnisse seien »konkordatsbedürftig« gewesen. Dieses Konkordat bringt Hitler großes Prestige, nicht so sehr im Ausland, aber vor allem bei den deutschen Katholiken. Manche sehen in dem Konkordat sogar eine päpstliche Legitimation des Nationalsozialismus.

Auch von Galen ist als Bischof über den Abschluss des Konkordates erfreut und sagt in seinem ersten Hirtenwort vom 28. Oktober 1933: »Dass ... das freie Wirken der Kirche und ihr heiligender Einfluss für die Erziehung der Jugend, für das Familien- und Gemeinschaftsleben voll zur Auswirkung komme, dafür ist in dem Vertragswerk des Konkordats, welches die Reichsregierung mit dem Heiligen Stuhl abgeschlossen hat, eine glückverheißende Grundlage gegeben.« Schon bald wird er erfahren, dass es zu willkürlicher Auslegung, zu Verletzungen und zum Vertragsbruch kommt.

Dennoch bietet das Konkordat trotz sehr häufiger Missachtung doch bis zuletzt noch einen gewissen Schutz. In den vom Reich vereinnahmten konkordatsfreien Gebieten wie Österreich, Lothringen und Warthegau gehen die Nationalsozialisten noch viel willkürlicher vor als im Reichsgebiet, wo das Konkordat gilt.

Diese Sicht vertritt auch Papst Pius XII. am 2. Juni 1945 in seiner Ansprache an das Kardinalskollegium: »Immerhin muss man zugeben, dass das Konkordat in den folgenden Jahren verschiedene Vorteile brachte oder wenigstens größeres Unheil verhütete. Trotz aller Verletzungen, denen es ausgesetzt war, ließ das Konkordat tatsächlich den Katholiken doch eine rechtliche Verteidigungsgrundlage, eine Stellung, in der sie sich verschanzen konnten, um von da aus, solange es ihnen möglich war, sich der ständigen Flut der religiösen Verfolgung zu erwehren.«

Bischofsweihe

Am 28. Oktober 1933 wird Clemens August Graf von Galen zum Bischof von Münster geweiht. Kardinal Josef Schulte von Köln erteilt unter Assistenz der Bischöfe Dr. Wilhelm Berning von Osnabrück und Dr. Franz Rudolf Bornewasser von Trier die Weihe. Auch SA-Männer stehen Spalier beim Einzug und nehmen teil am Gottesdienst im Dom.

Nach der Weihe beim Empfang im Collegium Borromaeum sieht man auf der Rückwand der Bühne ein Bild vom Rathaus und münsterschen Dom, verbunden durch ein Hakenkreuz. Unumstößlich ist für von Galen das biblische Wort aus dem Römerbrief (13.1): »Jeder leiste den Trägern der staatlichen Gewalt den schuldigen

Gehorsam. Denn es gibt keine staatliche Gewalt, die nicht von Gott kommt.« Vor diesem biblischen Hintergrund wird er auch dieses Bild gedeutet haben. Er weiß aber immer um die Grenzen der Macht und um die Verantwortlichkeit der Machthaber vor Gott. An diesem unterschiedlichen Verständnis der Macht des Staates wird sich in der Folgezeit der Konflikt entzünden.

Vor Ort in Münster ist jedoch bereits Unruhe ausgebrochen in der Nationalsozialistischen Partei. Offenbar weiß man um seinen Standpunkt zur Ideologie der Partei. Ein NSDAP-Mitglied versucht sechs Tage vor der Weihe von Galens zum Bischof, Hitler einen Brief zukommen zu lassen, in dem es heißt: »Hier in Münster und nicht in Köln, München oder Breslau ist die Hochburg Roms in Deutschland. Hier reiben sich die Kapitulare und Jesuiten die Hände über diesen unerhörten Sieg über Hitler, der ihnen blind in die Hände gespielt wurde.«

Nach seiner Weihe zum Bischof sagt von Galen feierlich: »Heute ist Hochzeitstag. Vom Traualtar komme ich«, und er verweist auf den Bischofsring an seiner Hand als Zeichen der Treue. Diese Treue zur Kirche und zu seinem christlichen Glauben wird er gewissenhaft beachten und sich gegen jede Verletzung zur Wehr setzen.

Der erste Hirtenbrief des neuen Bischofs trägt das Datum des Weihetages. In diesem umschreibt er seinen kommenden eindeutigen Weg: »Das soll mein Wahlspruch sein, das soll uns allein Richtschnur sein: Nicht Menschenlob, nicht Menschenfurcht soll uns bewegen! Aber das Lob Gottes zu fördern sei unser Ruhm, selbst in heiliger Gottesfurcht zu wandeln sei unser beharrliches Streben.« Besonders in der Sorge beobachtet er sorgfältig die Entwicklungen um das Elternrecht in Erziehungs- und Schulfragen und geht mutig in die Auseinandersetzungen.

Auseinandersetzungen um die Schule

Schon in den ersten Tagen seines Dienstes als Bischof sieht er sich aufgerufen, unberechtigte Eingriffe in den Religionsunterricht zurückzuweisen. Vier Tage vor der Bischofsweihe hat der Stadtschulrat in Münster alle Volksschulen angewiesen, »im Anschluss an Allerseelen« Unterrichtseinheiten zur Vererbungslehre und zur Rassenkunde zu erteilen und im Fach Religion die demoralisierende Macht des Volkes Israel aufzuzeigen.

Man muss sich die Naivität und die geistige Brutalität dieser Anweisung einmal vorstellen. Hier soll nationalsozialistische Ideologie in den Religionsunterricht transportiert werden. Kinder, denen es nicht möglich ist, diese Irrungen und Lügen zu durchschauen, sollen infiltriert werden. Die Partei beansprucht alleiniges Erziehungsrecht.

Sofort, am 6. November 1933, also nur wenige Tage nach der Bischofsweihe, wendet sich von Galen schriftlich an den Stadtschulrat: »So gestatte ich mir, ... darauf hinzuweisen, dass die Verbindung der von Ihnen gestellten Themen mit den religiösen Gedanken des Armseelenmonats nur eine sehr lose, um nicht zu sagen, gekünstelt zu sein scheint, und nach meiner Überzeugung sogar die Gefahr einer Verwischung katholischer Lehren über die heilsgeschichtlichen Aufgaben des israelitischen Volkes in der vorchristlichen Zeit und über die Pflichten der Nächstenliebe gegenüber allen Menschen mindestens für weniger begabte Kinder in sich schließt. Ich glaube, als berufener Hüter des katholischen Glaubensgutes Sie offen auf diese Bedenken hinweisen zu müssen.«

Gleichzeitig verweist er auf »ältere Vereinbarungen« mit der Regierung und insbesondere auf Artikel 21 des Reichskonkordates, wonach der Lehrstoff für den Religionsunterricht im Einvernehmen mit der kirchlichen Oberbehörde festzusetzen sei. Dieser Einspruch erfolgt in einem privaten Schreiben an den Stadtschulrat.

Als keine Antwort erfolgt, wendet sich von Galen am 15. November 1933 schriftlich an den Oberbürgermeister, erhebt Einspruch gegen die »Verfügungen des Stadtschulrat Glowsky« und weist darauf hin, dass dieser »nicht befugt« ist, »eine Einwirkung auf den sachlichen Inhalt der Religionslehre auszuüben«.

Es ist Zeichen eines entschiedenen und klugen Vorgehens, sich ohne Zögern unmittelbar an den Absender der Anweisung zu wenden, auf den sachlichen und pädagogischen Fehler hinzuweisen, die Rechtsverletzung zu benennen und sich dann ebenso entschieden an die nächst höhere Instanz zu wenden. Von Galen hat das Konkordat im Rücken und weiß sich auf dem Boden des Rechts. Von diesem Standpunkt aus wird er auch in Zukunft seine Einwände erheben.

Der Kreuzkampf im Oldenburger Land

1936 beginnt in Oldenburg der große »Kreuzkampf«. Kreuze und Lutherbilder sollen in öffentlichen Gebäuden neben den Hitlerbildern keinen Platz mehr haben. Nach heftigen Protesten der Südoldenburger Katholiken wird der Erlass zurückgenommen. Am 27. November 1936 schreibt von Galen in einem Hirtenbrief an die Katholiken im Land Oldenburg: »Es war angeordnet, dass von allen öffentlichen Gebäuden, ja selbst aus den Schulen, in denen katholische Kinder von katholischen Lehrern im christlichen Glauben unterrichtet werden, das Kreuz entfernt werden solle. Als ihr das hörtet, als wir das hörten, da ging ein Erschrecken, ein Entsetzen durch unsere Herzen. Ist es schon so weit gekommen? ... Als der Reichsstatthalter in der Versammlung von mehr als 7.000 Männern in Cloppenburg ... erkannte, dass ihr alle wie ein Mann zum Kreuze steht ..., hat er laut und feierlich verkündet: ›Die Kreuze bleiben in der Schule!‹«

Diese Rücknahme der regierungsamtlichen Verordnung hat eine unerhörte Wirkung. Bischof von Galen hatte alle Vorgänge dokumentiert. Diese Dokumentation fügt er als Beilage dem Kirchlichen Amtsblatt hinzu, und binnen kurzem ist das Ereignis im In- und Ausland bekannt. Viele Bischöfe übernehmen die Dokumentation. In Freiburg werden statt der sonst 1.500 Exemplare 27.000 hergestellt und nochmals 6.000 nachgedruckt.

Der Chef des Reichssicherheitshauptamtes Reinhard Heydrich wütet und befürchtet, das Ganze könnte als Sieg der Kirche über den Staat gewertet werden. Große Unruhe auch bei dem Minister für Volksaufklärung und Propaganda Joseph Goebbels.

Wie sehr den Bischof dieser Kampf um das Kreuz in der Schule bewegt haben muss, geht aus seinem Hirtenbrief des darauffolgenden Jahres vom 25. Februar 1937 hervor. Er zitiert seinen Großonkel Bischof Wilhelm Emmanuel von Ketteler: »›Vor keiner Gefahr zittere ich mehr, als vor dem Eingriff in das katholische Schulwesen‹ ... Solcher Eingriff gefährdet euer heiligstes Recht, christliche Eltern!«

Lieber Leser, liebe Leserin! Das Erbe von Galens hinsichtlich Elternrecht und Elternpflicht drängt heute zur Neubesinnung. Die Lebensangebote sind vielfältiger geworden. Kinder und Jugendliche haben es nicht leicht, sich zurecht zu finden. Keiner nimmt heute den Eltern das Recht auf die Erziehung der Kinder. Aber die Orientierungslosigkeit hat zugenommen. Kinder und Heranwachsende brauchen mehr denn je die Hilfestellung der Eltern, damit sie nicht einfach mit dem Strom der Zeit schwimmen, sondern zu ihrem eigenen Weg ermutigt werden angesichts der unüberschaubaren Lebensangebote.

Den Märtyrern gleich Nachstellungen und Verfolgungen tragen

Der Bischof weiß natürlich, dass er sich bei diesen grundsätzlichen Auseinandersetzungen in einem ungleichen Machtkampf befindet. Er kämpft mit den Mitteln der Wahrheit und des Rechtes, seine Gegner mit ideologischer Voreingenommenheit und mit den Mitteln brutaler Macht. Irgendwann kann diese Macht auch ihn treffen.

Vorsorglich überträgt er am 22. Februar 1936 seinem Generalvikar, Dr. Franz Meis, in Münster und dem Offizial in Vechta, Franz Vorwerk, Spezialvollmachten im Fall einer Amtsbehinderung durch Verhaftung. Er ordnet an, dass am Tag seiner Festnahme ein einstündiges Totengeläut stattfinden soll. Danach sollen die Glocken – außer bei einigen genau bezeichneten Anlässen – schweigen, bis er freigelassen ist. Auch Gebete ordnet er an.

Von Galen beginnt die Verordnung mit den Worten: »Nachdem in den letzten Monaten nicht wenige Priester unter den verschiedensten Vorwänden und Anschuldigungen gewaltsam in der Ausübung ihres heiligen Amtes gehindert, aus dem ihnen von der Kirche angewiesenen Wirkungskreis vertrieben, teilweise sogar verhaftet und lange Zeit gefangen gehalten sind, muss ich damit rechnen, dass auch mir ein ähnliches Unrecht zugefügt werden könnte.«

Hier wird deutlich, dass der Bischof in seinem Widerstand nicht nur Amtspflichten erfüllt. Der Bischof in seinem Amt wird zum Zeugen seines Glaubens. Seine

Existenz ruht in nichts anderem mehr als in seinem Vertrauen, dass Gott das Heft in der Hand behält, auch wenn ihm als Bischof alle Macht aus den Händen genommen wird. Wenn die heutige Generation auch im Rahmen der Seligsprechung von Galen als Mann des Glaubens und als Zeugen seines Glaubens neu entdeckt, so könnte seine Wiederentdeckung in unserer Zeit die Gemeinden des Bistums und darüber hinaus viele Christen unserer Zeit ermutigen und christliches Glauben und Leben neu entfachen.

Ideologische Auseinandersetzungen

Vielleicht noch stärker als wirtschaftliche Zwänge können Ideen und Ideologien Macht über den Menschen gewinnen. Gerade bei Fragen um Schule und Erziehung wird deutlich, dass es um eine fundamentale Auseinandersetzung, um völlig verschiedene und nicht miteinander zu vereinbarende Welt- und Menschenbilder geht. Das zu durchschauen und einen klaren Blick zu behalten, fällt nicht immer leicht.

Lieber Leser und liebe Leserin! Welche Idee steht über meinem Leben? Welches Bild von mir und vom Menschen habe ich? Laufe ich oberflächlich durch den Tag? Lerne ich Modeerscheinungen zu durchschauen? Was bewahrt mich vor unbedachten Verirrungen? Bleibt mein Blick klar bei der Vielfalt der Ideen- und Lebensangebote? Entscheide ich mich für meinen eigenen Weg oder laufe ich mit?

Hitler findet seine Weltanschauung begründet und untermauert in Alfred Rosenbergs »Mythos des 20. Jahrhunderts«. Am 24. 1. 1934 wird Rosenberg zum »Beauftragten des Führers für die Überwachung der gesamten geistigen und weltanschaulichen Schulung und Erziehung der NSDAP« ernannt. Ziel ist die vollständige Entkonfessionalisierung des öffentlichen Lebens. Die Nationalsozialisten beanspruchen sozusagen die »alleinige Seelsorge Deutschlands«. Die Staatsideologie wird zur alleinigen »Religion«.

Als der Bonner Kirchenhistoriker Wilhelm Neuß mit einem Kreis von Wissenschaftlern »Studien zum Mythos des 20. Jahrhunderts« verfasst als Antwort auf Rosenbergs »Mythos des 20. Jahrhunderts«, übernimmt von Galen

– anders als Kardinal Schulte von Köln – diese als Beilage zum Kirchlichen Amtsblatt der Diözese Münster. Auch die Auseinandersetzung auf wissenschaftlicher Ebene bezieht von Galen mit ein und vermittelt diese weiter an die Priester des Bistums. Offensichtlich haben viele die Kontroverse verstanden. Unmittelbar nach dem Gauparteitag »Westfalen-Nord« in Münster, wo Rosenberg spricht, nehmen 20.000 Katholiken am 8. Juli 1935 an der Großen Prozession teil. Das ist eine gewaltige Demonstration als Reaktion auf die Rede Rosenbergs und auf seine verführerische Weltanschauung. Begeistert stellen sich die Teilnehmer hinter ihren Bischof und feiern ihn öffentlich. Das Band zwischen Bischof und Diözesanen wird gefestigt.

Mutige Worte in Hirtenbriefen

Von Galen durchschaut die heraufziehende konkrete Gefahr. Er sieht sich in dieser Zeit geistiger Verwirrung zur geistigen Führung aufgerufen. Wenige Monate nach der Ernennung Rosenbergs bezieht er in seinem Hirtenbrief zum Osterfest am 1. April 1934 umfassend Stellung zu den anstehenden Fragen. Seine Worte sind klar und eindeutig. Er stellt der von Rosenberg propagierten »Blutsverbundenheit der Menschen gleicher Rasse« die »höhere Art der Blutsverbundenheit« der in Christus Erlösten gegenüber.

Er beginnt eindrucksvoll mit der Mahnung des heiligen Paulus an Timotheus: »Verkündige das Wort, tritt auf, ob gelegen oder ungelegen. Denn es kommt eine Zeit da man die gesunde Lehre unerträglich findet und aus Verlangen nach Ohrenkitzel nach eigenem Sinn sich Lehrer über Lehrer verschafft« (2 Tim 2,4).

Er geißelt und verwirft die Ideologie Rosenbergs, der nur dem Sittlichkeit zuerkennt, was der Förderung der Rasse dient: »Es greift die Fundamente der Religion und der gesamten Kultur an, wer den Gottesglauben in der Menschheit zersetzt und zerstört ... und wer das moralische Gesetz im Menschen zerstört.« Die »Feinde der Religion« stellen »die Rasse über die Sittlichkeit« und »das Blut über das Gesetz«. Und als ob er die ganzen Auswirkungen dieser neuen Lehre vor Augen sähe, zitiert er

Für alle Menschen aller Zeiten
umschreibt
der Begriff »Gottes« und
»des Göttlichen«
den Ursprung und das Endziel,
das Erste und das Letzte,
dem sich alles andere
zu unterwerfen hat.

Hirtenbrief vom 19. März 1935

Religion ist
die Seele unserer Seele.

Ansprache in Recklinghausen
am 23. September 1934

Papst Pius XI.: »An Stelle der Sittengebote tritt die brutale Gewalt, die jedes Recht mit Füßen tritt.« – »Dieser Angriff gegen das Christentum, wie wir ihn in der heutigen Zeit in unserem Volke erleben, übertrifft an vernichtender Gewalt das, was wir von früheren Zeiten her wissen.« – »Das ist neues Heidentum.« Zielsicher benennt er den Irrweg und seine möglichen Auswirkungen. Das muss seine Gegner ins Mark treffen.

Eindeutig ist seine Kampfansage: »Gegen alle diese Bestrebungen wenden wir uns aus der Kraft des Geistes, der dem Bischof befiehlt, die ›Erbschaft des Glaubens‹ gegen alle seine Feinde zu verteidigen.« Er wendet sich gegen die propagierte Vorstellung, »dass die nordische Rasse den Begriff der Sünde nicht kenne, der aus einer ganz anderen Kultur stamme«. Er sagt: »Sie verwandeln die Sakramente in das Brauchtum einer nationalen Religion, indem sie von dem Mysterium und dem Sakrament des Blutes sprechen ... Mit der ihnen eigenen dunklen Sprache reden sie von einem neuen Mythos und der Notwendigkeit einer neuen Religion.« – »Eine Täuschung der Hölle ist im Gange, die auch die Guten irreführen kann ... Darum erhebe ich als deutscher Bischof meine warnende Stimme ... Mit heiliger Freude wollen wir, wenn Gott sie zulässt, den Märtyrern gleich Nachstellungen und Verfolgungen tragen«, schreibt der Bischof.

Bemerkenswert sind zwei Leitlinien, die durch den Hirtenbrief führen: Deutlichkeit und Konsequenz. Der Bischof benennt direkt und drastisch die neuen Irrlehren und die schrecklichen Irrwege, in die sie führen. Er sieht, wie die neue Lehre alles Bisherige übertrifft an »vernichtender Gewalt«, und er behält Recht. Es muss ihm bewusst sein, dass das Wort »den Märtyrern gleich« nicht nur mutige Christen im Bistum sondern auch ihn persönlich betreffen kann. Er scheint sich doch wohl schon früh mit dieser Frage auseinandergesetzt zu haben.

Viele sind befreit durch dieses eindeutige Wort von Galens. Der Pfarrer von Nordwalde schreibt in der Woche nach dem Verlesen am 5. April 1934 an den Bischof: »Auf ein solches aufklärendes und erlösendes Wort haben alle Gutgestimmten schon länger gewartet. Mit Aufmerksamkeit und lautloser Stille hat man Deinen Worten gelauscht.«

Und Professor Michael Schmaus, der ab Anfang Mai 1934 an der katholischen Fakultät der Universität Münster Dogmatik lehrt, schreibt am 15. April 1934 aus Rosenheim: »Nirgends ist in der letzten Zeit in einer autoritativen Kundgebung so entschieden auf die Gefahren hingewiesen worden, die dem katholischen Glauben immer sichtbarer drohen ... Ihr Hirtenbrief war bei der intensiv betriebenen antichristlichen Propaganda ein wirklich befreiendes und erlösendes Wort.«

Deutsche Zeitungen wagen kaum, die mahnenden und aufrüttelnden Aufrufe zu drucken, und die, die Inhalte des Hirtenbriefes veröffentlichen, werden bestraft. Zeitungen im Ausland jedoch titeln ihre Überschriften mit einem Wort aus dem Brief von Galens. Strenge nationalsozialistische Genossen werden nervös.

Gauleiter Carl Röver, Reichsstatthalter für Oldenburg und Bremen, meldet an die Reichskanzlei nach Berlin: »Es ist hier bekannt, dass auch in anderen Diözesen derartige Hirtenbriefe verlesen sein sollen. Es ist aber festgestellt worden, dass der Hirtenbrief des Bischofs von Münster die übrigen bei weitem an Schärfe übertrifft. Jeder Satz ist vom Hass gegen den Nationalsozialismus diktiert.«

Vom Amt eines Bischofs wird immer auch geistige und geistliche Führerschaft erwartet. In Bischof von Galen ist diese Führerschaft begründet in seiner Verantwortung vor Gott, die ihm sein Amt und sein unerschütterlicher Glaube auferlegen. Er folgt seinem Gewissen und lässt sich weder durch »Menschenlob« noch durch »Menschenfurcht« beeinflussen.

Von Galen weiß, dass die Christen seines Bistums sein eindeutiges Wort brauchen. Ein Jahr später, am 21. April 1935, zum Osterfest, lässt er wiederum in allen Gemeinden des Bistums einen Hirtenbrief verlesen. »Was toben die Heiden und erfinden Truggebilde die Völker«, beginnt der Bischof mit dem Zitat aus Psalm 2. Die Hörer wissen, worum es geht und hören aufmerksam und innerlich aufgerüttelt die mutigen Worte des Bischofs: »Es gibt wieder Heiden in Deutschland. Es ist Götzendienst und Abfall vom wahren Gott, wenn man das Geschaffene statt des Schöpfers, die Nation an Stelle Gottes als Erste und Letzte bezeichnet und die Forderung stellt, dass alles andere sich der Nation zu unterwerfen hat. Die sog. Ewige

Rassenseele ist in Wirklichkeit ein Nichts, ein Produkt ihrer Phantasie, aber für einige aus ihnen der in freier Willkür erdachte und geschaffene Gott, dem das deutsche Volk in Zukunft dienen, dem man götzendienerisch Recht und Freiheit, ja Leib und Leben opfern sollte!«

Er trifft mit seiner Kritik genau das Herzstück nationalsozialistischer Ideologie und verfehlt nicht seine Wirkung. Der bereits oben genannte Gauparteitag »Westfalen-Nord« in Münster muss auch als Gegenschlag und als Antwort der Nationalsozialisten auf die Hirtenbriefe des Bischofs verstanden werden. Und auch durch die bereits genannte Große Prozession am 8. Juli 1935 bekunden die Münsteraner Katholiken und Katholiken des Bistums ihre Zustimmung zum Hirtenbrief und zu dem mutigen Vorgehen des Bischofs. Dass 20.000 Menschen – eine sonst nie erreichte Zahl – teilnehmen, ist ein eindrucksvolles Zeichen auch der Verbundenheit der Bevölkerung mit dem Bischof. Mit der Prozession wurde zugleich der Vertreibung der Wiedertäufer vor 400 Jahren gedacht. Die große Prozession wird auch in den Folgejahren immer zu einer mächtigen Demonstration für den Glauben.

Auch viele Jugendliche nehmen an der Prozession teil. Ihnen sagt der Bischof: »Wenn unsere Jugend heute so zahlreich mit uns Christus, dem Herrn huldigt ..., so mag das uns Älteren ... die frohe Zuversicht geben ..., dass auch die kommenden Generationen dem Heiland die Treue halten werden ..., dass Christi Gesetz ihnen Lebensregel ... sein wird.« Gerade aus den Jugendlichen, denen mehr und mehr öffentliche Jugendarbeit verboten wird und die in innerer Opposition in innerkirchlichen Zirkeln ihren Glauben zu vertiefen suchen, ist nach dem Krieg eine in vielen katholischen Gemeinden lebendige Nachwuchsgeneration erwachsen. Manche von ihnen haben sich beim Wiederaufbau Deutschlands auch öffentlich und in politischen Ämtern mit christlichem Engagement wirksam eingebracht.

Nach dem Gewissen leben ist wichtiger als zu überleben

Der Bischof weiß, dass Opposition zu den Ideen des Nationalsozialismus auch Gefährdung seines eigenen

Lebens bedeutet. Er weist in seiner bereits genannten Predigt im Rahmen der Großen Prozession auf geschichtliche Vorgänge hin, bei denen münstersche Bischöfe sich durch mutige Einsätze Anfeindung und Schmach einhandelten. Und er fährt fort: »Ich weiß nicht, ob mir ähnliches bevorsteht; ob auch ich noch einmal gewürdigt werde ›für den Namen Jesu Schmach zu leiden‹, nicht durch Misskennung und Vorwürfe, sondern auch durch Beraubung der Freiheit, durch Misshandlung und Leiden. Sollte Gottes Vorsehung mich solcher Nachfolge der Apostel würdigen, so hoffe ich, dass Gottes Gnade mir den Willen erhält, lieber alles zu ertragen, als vom Weg der Pflicht abzuweichen, dass Gottes Beistand in schweren Stunden mir Licht und Stärke gibt, es den früheren Bischöfen von Münster in Opfermut und Standhaftigkeit gleichzutun. Ich vertraue in dieser Hinsicht einzig auf Gottes Hilfe, und ich vertraue auf eure Liebe und auf euer Gebet und auf eure Treue.«

Wer durch die Worte der Predigt hindurchhört, der entdeckt den in unerschütterlichem Glauben verwurzelten Bischof, seine Geradlinigkeit und seinen Mut. Er sucht nicht zu überreden durch »gewandte und kluge Worte«. Nicht »Menschenweisheit« kommt ihm über die Zunge. Seine Botschaft ist »Erweis von Geist und Kraft«. Er stützt sich auf die in ihm wirkende »Kraft Gottes«, das ist sein Glaube (vgl. 1 Kor 2,4 f.)

Er sichert sich nicht ab, sondern wagt sich hinaus, allein vertrauend auf Gottes Hilfe und auf die Liebe und Treue derer, die ihm anvertraut sind. Innerlich leer und frei und nichts aus sich selbst vermögend, überlässt er sich dem in ihm wirkenden Gott und jenen Kräften, die ihm von der Liebe und Treue und von den Gebeten anderer zufließen. Er wagt nicht nur etwas, er wagt sein Leben, ohne zu wägen. Sein »Weg der Pflicht« ist die innere selbst gewählte und im Bischofsamt verstärkt öffentlich gewordene »Verpflichtung« allein Christus und seiner Kirche gegenüber.

Freimütige Predigten

Von Anfang an scheut von Galen als Priester nicht das offene, auch aneckende Wort. Dieses Wort wird umso bedeutsamer, je mehr das geschriebene Wort behindert oder verboten wird. Gerade Gelegenheiten mit öffentlicher Aufmerksamkeit benutzt er, um sein Wort kundzutun. So nimmt er im Februar 1936 in einer Predigt anlässlich der Weihe der Xantener Krypta mit den Gräbern der römischen Märtyrer, des heiligen Viktor und seiner Gefährten, überaus entschieden und mutig und mit noch größerer Eindeutigkeit Stellung.

Er verweist auf die in Xanten verehrten Märtyrer und sagt, »dass sie auf Befehl des Kaisers sterben mussten, weil sie hartnäckig sich weigerten, von Menschen erdachte, vom Staat anerkannte Gottheiten zu verehren und anzubeten«. Er weist hin auf bedrängte und verhaftete Priester und Laien und nennt einige Namen. Und er sagt weiter: Es gibt »in deutschen Landen frische Gräber, in denen die Asche solcher ruht, die das katholische Volk für Märtyrer des Glaubens hält«. Die Zuhörer verstehen die Anspielung auf die Opfer des Röhm-Putsches (30. 6. bis 2. 7. 1934), bei dem eine Vielzahl politisch missliebiger Persönlichkeiten umgebracht wurden. Insbesondere beziehen sie die Anspielungen auf Erich Klausener, den Vorsitzenden der Katholischen Aktion im Bistum Berlin und Ministerialdirektor im Reichsverkehrsministerium, der im Rahmen der nationalsozialistischen Säuberungsaktione am 30. 6. 1934 ermordet wurde.

Die Fortsetzung des Zitates ist eindeutig: ».... weil ihr Leben ihnen das Zeugnis treuester Pflichterfüllung für Gott und Vaterland, Volk und Kirche ausstellte, und das Dunkel, das über ihren Tod gebreitet ist, ängstlich gehütet wird«. Von Galen spielt auf die Selbstmordtheorie an, die zum Tode Klauseners verbreitet wurde.

Hier bringt der Bischof seine Solidarität mit den Mordopfern und mit deren Angehörigen zum Ausdruck. Trost und Aufruf werden viele in Deutschland diesem Wort entnommen haben. Das mutige Bischofswort ermuntert, nicht zu schweigen, wo zum Schweigen verurteilt wird.

Nochmals am 6. September 1936 predigt von Galen bei der Xantener Viktorstracht beim Pontifikalamt auf dem Fürstenberg. Er verleiht seinen markanten, leicht verständlichen und darum der breiten Zuhörerschaft richtungweisenden Grundsätzen Ausdruck in deftigen und klaren Worten: »Gottes Dienerin ist die Obrigkeit.«

Das lässt an Klarheit nichts zu wünschen übrig. Er trifft damit das Obrigkeitsverständnis der überwältigenden Mehrheit seiner Zuhörer, die den Gottesglauben als selbstverständlich und naturgegeben voraussetzen. Er mahnt: »Wer obrigkeitliche Gewalt hat, andere zu befehlen, hat selbst die heilige Pflicht, gerade im Befehlen sich nach Gottes heiligem Willen zu richten. Er zitiert den heiligen Augustinus: ›Nimm die Gerechtigkeit hinweg, was sind dann die Reiche anders als große Räuberbanden‹.« – »Hüte dich«, ruft er seinen Zuhörern zu – und er weiß, dass dieses Wort gehört wird von denen, die es besonders betrifft – »die Gewissen zu vergewaltigen; zu fordern, dass dein Untergebener etwas tut, was er nach dem Urteil des am göttlichen Gesetz geschulten Gewissens als Sünde erkennt; hüte dich, ihn zu hindern an einem Handeln, das Gottes heiliger Wille von ihm fordert, das sein an Gottes Offenbarung und Gebot gebildetes Gewissen ihm vorschreibt!«

Er zitiert den heidnischen römischen Philosophen Seneca: »Niemand scheint mir die Tugend mehr zu schätzen, niemand ihr mehr ergeben zu sein als derjenige, der alles, selbst seinen guten Ruf vor den Menschen opfert, um nur nicht sein Gewissen zu verletzen.«

Letztendlich bringt er die Radikalität des Gehorsams gegenüber dem Gewissen zum Ausdruck, indem er den vom König zu gesetzeswidrigem Handeln aufgeforderten Justizminister Friedrichs II. von Preußen, Münchhausen, zitiert: »Mein Kopf steht Eurer Majestät zur Verfügung, nicht mein Gewissen.«

Damit zeigt er – und das ist ein ungeheuerlicher Vorgang – die Grenzen des Gehorsams dem Staat gegenüber auf. Er zitiert die Apostelgeschichte: »Man muss Gott mehr gehorchen als den Menschen.« (Apg 5,29) Seine Worte gipfeln in dem Satz: »Ein Gehorsam, der die Seelen knechtet, der in das innerste Heiligtum der menschlichen Freiheit, in das Gewissen greift, ist roheste Sklaverei. Das ist schlimmer als Mord, denn es ist eine Vergewaltigung der menschlichen Persönlichkeit.«

Von Galen hat sich inzwischen an die Spitze des Widerstandes auch unter den deutschen Bischöfe gestellt und auch ein wenig außerhalb von ihnen. Bei einer Besprechung im Reichskirchenministerium äußert Bischof Wilhelm Berning von Osnabrück, »dass in bischöflichen Kreisen insbesondere die Xantener Rede sehr verschnupft habe«.

Bischofsdienst als Dienst der Verkündigung

Wie sehr Bischof von Galen sein Amt als Dienst der Verkündigung versteht, bringt er in seiner Predigt am 17. November 1937 bei seinem ersten Besuch in Vreden auf dem Weg zur Einweihung der erneuerten und vergrößerten Kirche in Ellewick zum Ausdruck:

»Ich bin heute hierher gekommen, um morgen im alten Bereich eurer ehrwürdigen Pfarrgemeinde, in Ellewick, das Gotteshaus einzuweihen. Euer Pfarrer und Dechant hat in eurem Namen so dringend mich eingeladen und gebeten, auf dem Weg dorthin hier auszusteigen und einige Worte an euch zu richten, dass ich diesen Wunsch nicht abschlagen kann. Und ich will es offen sagen: schon lange ist es auch mein Wunsch gewesen, eure Stadt zu besuchen und eure ehrwürdigen Kirchen und auch euch selbst ... So ist es mir eine Freude, auch euch hier in Vreden das Evangelium zu verkünden. Das Evangelium zu verkünden, bin ich von Christus bestellt, bin ich euch schuldig. Die Frohe Botschaft muss ich verkünden, die Christus, der Sohn Gottes, allen Menschen gebracht hat ... mit den ersten Aposteln hat der Heiland auch mich gesandt, um diese Botschaft zu verkünden, die wahrhaftig geeignet und bestimmt ist, unser Erdenleben froh zu machen! So ist es eine schöne Aufgabe, dass ich gleich den ersten Aposteln diese Frohbotschaft verkünden, euch bringen kann!«

Von Galen ist kein mitratragender Bürokrat an der Spitze seines Bistums. Verkünder des Evangeliums und Wahrer der sich aus dem Evangelium ergebenden und von der Kirche gehüteten ethischen Weisungen und Grundsätze zu sein, das ist es, was er von seinem Amt begriffen und ergriffen hat und was er leidenschaftlich umsetzt.

Er schreibt am 15. August 1935 an die Priester des Bistums: »In diesen Tagen der Ungewissheit und Sorge drängt es mich ..., euch ein Wort der Liebe, des Dankes, des Trostes und der Ermunterung zu sagen.« Dieser unermüdliche Dienst des Wortes ist ihm nicht nur »Pflicht«, sondern »Herzenssache« und »Selbstverständlichkeit«. Die empfangene Liebe drängt ihn, »das ›ministerium verbi‹ – den Dienst des Wortes – unablässig zu erfüllen«.

Dabei weiß er sich von der empfangenen Liebe der Diözesanen getragen: »Ich müsste ein Herz aus Stein haben, wenn es nicht angezogen und gefesselt würde durch soviel Güte und Wohlwollen, welche mir immer wieder entgegenschlagen.« Eine breite Schicht von Laien und Priestern weiß er auf seiner Seite.

Lieber Leser und liebe Leserin! Mir hat es beim Lesen dieser Texte oft das Herz aufgewühlt und zerrissen. In den Texten kommt eine Einheit im Glauben zum Ausdruck, die verbindet und stark macht, und die zur Mitte des christlichen Glaubens gehört. »Alle sollen eins sein: Wie du, Vater, in mir bist und ich in dir bin, sollen auch sie eins sein, damit die Welt glaubt« (Joh 17,21). Müssen wir nicht gerade in unserer Zeit die einheitstiftende Mitte unseres Glaubens, der Kirche und der Gemeinden neu entdecken, damit sie zum kraftvollen Glaubenszeugnis wird? Alle Zerrissenheit ist ein Gegenzeugnis des Glaubens.

Von Galen bemüht sich auch, den Priestern des Bistums die Wichtigkeit des Verkündigungsdienstes nahe zu bringen. Er mahnt am 28. Oktober 1935 die Dechanten, inmitten zahlloser anderer Aufgaben aufgrund der Bedrängnisse, die zentrale Aufgabe der Verkündigung des Wortes Gottes als entscheidenden Dienst zu sehen: »Wir sind und müssen sein Diener des Evangeliums, der ›Frohbotschaft‹! Das ist im allgemeinen sicher wichtiger und fruchtbarer als die beständige Polemik und Zurückweisung von Angriffen.« Als die offene Rede und das freie Wort immer mehr zurückgedrängt werden, empfinden viele sein Wort und seinen Dienst am Wort des Evangeliums als besonders wegweisend und ermutigend.

Dabei sind seine Worte immer klar, bodenständig, einfach, sowohl für Akademiker wie für einfach denkende Menschen verständlich. Sie treffen die Hörer und rütteln auf. Er ist kein Bischof am Volk vorbei. Er ist Bischof mitten in seinem christlichen Volk. Oft bringt er diese erlebte Verbundenheit in sehr persönlicher Weise in Worten zum Ausdruck. Diese menschliche Nähe spricht besonders aus einem Wort, das er nach dem Krieg den Priestern des Bistums schreibt: »Darum ist es für Euch notwendig, nach der Unrast der hinter Euch liegenden Jahre das

Erlebte und Erlittene in ruhiger Stille und Einsamkeit zu verarbeiten, um es aus der Hand Gottes umgewandelt und geläutert zurückzuerhalten. Wie gern hätte ich Euch einen längeren Aufenthalt an einem ruhigen Ort verschafft.«

Nicht nur groß im Widerstand

Nicht nur sein ihm von außen aufgezwungenes Wirken im Widerstand macht ihn groß. Sein offenes Herz für die Armen, sein sozial-karitativer Einsatz und gerade der sein ganzes bischöfliche Wirken durchziehende leidenschaftliche Verkündigungsdienst gehören zum Bild seiner Persönlichkeit. Ihn, den manche während der Jahre als Kaplan und Pfarrer als langweiligen Prediger wahrgenommen haben, erleben nun die Gläubigen des Bistums Münster und viele Menschen darüber hinaus innerhalb und außerhalb der Kirche als treffsicheren, aufrüttelnden, unruhig machenden, ermutigenden und bestärkenden Verkünder.

Ab Frühjahr 1937 beschlagnahmt die Gestapo Ausgaben des Kirchlichen Amtsblattes und sucht durch Erscheinungsverbote zu verhindern, dass des Bischofs mündliche und schriftliche Äußerungen die breite Öffentlichkeit erreichen. Um so wichtiger wird für den Bischof das Wort von der Kanzel.

So sagt er den Vredenern in der bereits genannten Predigt: »Wenn ihr genötigt seid, zu lesen oder gar zu hören ... der nordische Mensch ..., besonders der Germane kenne keine Sünde und keine strafende göttliche Gerechtigkeit ... Meine Christen, lasst euch doch durch solche Behauptungen nicht verblüffen ... Dass es also Sünde gibt und Unrecht, das Sühne verlangt, dass es eine gerechte Vergeltung nach dem Tode gibt, ist das gemeinsame Bewusstsein des Menschengeschlechtes ... In dem Bewusstsein der persönlichen Verantwortung für die eigene sittliche Handlung gründet ja die Würde der Menschenpersönlichkeit.«

Tief verletzt und quält ihn der im Rassegedanken des Nationalsozialismus vertretene Widerspruch zwischen einem deutsch denkenden und einem aus seiner Grundüberzeugung christlich denkenden und handelnden Menschen. So steht er am 17. November 1937 vor seinen Zuhörern in Vreden und bekennt: »Es ist nicht mein Verdienst, sondern Gottes Fügung, und es liegt mir fern, mir etwas darauf einzubilden, dass ich einer Familie des westfälischen Uradels entstamme ... Wenn jemand aufsteht und behauptet, dass deutsches Blut aus ihm spreche: Hier stehe ich, und ich behaupte dasselbe von mir! Ich weiß nicht, ob jene, die sich heute anmaßen, allein entscheiden zu dürfen, was deutscher Art entspricht und deutsches Blut verlangt, gleich mir es nachweisen können, dass deutsche Art seit Jahrhunderten treu gehütetes Erbe ihrer Familie ist, dass kein Tropfen fremdrassigen Blutes in ihren Adern rinnt! Und wenn sie es können: ich weiche nicht vor ihnen zurück! Ich verbitte es mir, dass man meine Vorfahren, meinen Vater, meine Mutter verlästert, ihren Glauben, ihr christliches Leben als undeutsch, als artfremd beschimpft!«

Er bringt seine eigene Lebensgeschichte und seine Überzeugungen in die Verkündigung ein. Das macht ihn glaubhaft und lässt die Zuhörer aufmerken.

Ständiger Kontakt mit Rom

Von Galen weiß sich immer der Kirche und insbesondere dem Papst verbunden. Auf verschiedensten Wegen sendet von Galen von Anfang an regelmäßig Berichte nach Rom, so dass man dort wohl informiert ist über jeden Schritt der Nationalsozialisten.

Am 15. Mai 1934 wird von Galen in Rom bei seinem ersten »Ad-limina-Besuch« von Papst Pius XI. in Privataudienz empfangen. Er bemerkt dazu: »Der Heilige Vater sprach sehr ernst und besorgt über die Lage in Deutschland und beinahe erregt über die Schwierigkeiten der Unterhandlung.« Es erfolgen also Information und Austausch an höchster Stelle.

Im Rahmen der Audienz übergibt von Galen ein Schriftstück an Kardinalstaatssekretär Pacelli, den späteren Papst Pius XII., in dem es heißt: »Es darf nicht mehr lange gezögert werden mit einem öffentlichen Protest gegen Neuheidentum und Entsittlichung und einem öffentlichen Appell an Hitler, zu seinem Wort ›von den Grundlagen des Christentums‹ zu stehen ... Mir scheint, dass eine solche Herbeiführung klarer Fronten um die direkt religiösen Fragen zur Zeit nötiger ist, wie eine etwaige öffentliche Feststellung der Verletzung des Konkordats.«

Schon 1934 diese klare weitsichtige Einschätzung, die den Kern der Entwicklung trifft. Mutig auch seine Intervention an die höchste kirchliche Instanz.

Nach dem Anschluss Österreichs trägt von Galen durch den Priester des Bistums Münster Msgr. Leufkens 1938 im Vatikan eine eindringliche Bitte vor. Eine Propagandawelle der Nationalsozialisten erklärt, dass die Lage der Katholiken in Österreich sich ihren Wünschen entsprechend gestaltet und dass Einvernehmen besteht zwischen Bischöfen und Partei hinsichtlich der Änderungen in den Jugendorganisationen. Von Galen fordert: »Wenn der Heilige Stuhl das Verhalten des österreichischen Episkopates nicht billigt oder nicht duldet, dann muss das Verhalten des österreichischen Episkopates desavouiert werden.«

Auch von Rom fordert der Bischof eine eindeutige klare Stellungnahme. Immer, wenn es um Fragen des Glaubens mit entsprechenden Konsequenzen im sittlichen und gesellschaftlichen Leben geht, sagt er sein offenes Wort, auch wenn er in seiner eigenen Kirche lästig wird.

Über den Zustand in Deutschland informiert er Rom drastisch und unzweifelhaft: »Die augenblickliche Lage der katholischen Kirche in Deutschland kann etwa so ausgedrückt werden, dass von den beiden Gegnern die zueinander geistige Beziehungen nicht mehr haben, der mächtigere der Staat, dem schwächeren, der Kirche an die Gurgel springt und die Kehle zuhält.«

Am 12. Juni 1940 antwortet ihm Papst Pius XII.: «Wir legen größten Wert darauf, über Stand und Entwicklung der katholischen Kirche in Deutschland jederzeit genau im Bilde zu sein, selbst wenn der Augenblick zu einem nützlichen und entspannenden Eingreifen noch abgewartet werden muss.«

Offensichtlich wird das offene Wort von Galens in Rom geschätzt. Am 24. Februar 1942 beantwortet Papst Pius XII. einen Brief von Galens und teilt ihm mit: »Uns ist es jedes Mal ein Trost, wenn wir Kenntnis erhalten von einem offenen und mutigen Wort eines deutschen Bischofs oder der deutschen Bischöfe.« Gerade diese Einheit mit dem Papst wird von Galen eine besondere Stärkung gewesen sein.

Als von Galen ihm berichtet von den Behinderungen, Festsetzungen und von den Priestern im Dienst der Wehrmacht und damit vom Priestermangel im Bistum, antwortet Papst Pius XII. schon damals: »Der Priestermangel ist im Begriff, zu einer europäischen Kirchennot zu werden.«

Der Postverkehr und der Reiseverkehr mit Rom werden jedoch vonseiten der Reichsregierung immer mehr erschwert, was den Bischof, der gerade in der Zeit engen Kontakt mit Rom zu halten sucht, sehr belastet.

Lieber Leser, liebe Leserin!

Haben wir Mut zu einem offenen Wort nach unten und nach oben? Haben wir unsere eigene begründete Meinung, und stehen wir zu dieser? Sind wir immer wir selbst, oder lassen wir uns verbiegen durch allgemeine Meinungen? Sind wir wirklich Gesprächspartner, die auch anstoßen, die zuhören und die auf andere eingehen? Von Galen kann sich nur auseinandersetzen, weil er seine eigene Meinung verbindlich zum Einsatz bringt.

Zur Enzyklika »Mit brennender Sorge«

Zu der Zeit, als die Frage nach einer Stellungnahme und einer öffentlichen Reaktion aus Rom immer stärker wird, da ergreift Papst Pius XI. die Initiative und ruft zur Vorbereitung einer Enzyklika die drei Kardinäle Bertram von Breslau, Faulhaber von München, Schulte von Köln nach Rom. Zusammen mit ihnen lädt er auch Bischof von Preysing von Berlin und auffallenderweise auch Bischof von Galen nach Rom ein.

In einem Gespräch wendet sich Papst Pius XI. an Bischof von Galen und spendet ihm ein besonderes Lob: »Wir hören viel Glorreiches über Sie.« Dann spricht von Galen, und der Papst fährt fort: »Unser ganz besonderer Segen gilt allen unseren tapferen Kämpfern. Unsere Sache wird gewiss siegen ... Unsere Sache ist in den Händen Gottes.« Genau das war immer von Galens Glaube: Keine Machthaber dieser Erde werden die »Sache«, um die er kämpft, aus »den Händen Gottes« nehmen können. Unmittelbar nach dem Tod von Papst Pius XI. erinnert von Galen in seiner Predigt am 14. Februar 1939 an diese Begegnung: »Jetzt, wo dieses schlichte Krankenbett sein

Gott ist der Herr,
der uns erschaffen hat
und erhält,
wir sind sein Eigentum und
verdanken ihm
Sein und Leben.

Predigt in Bethen
am 12. August 1934

»Ich komme zu euch,
auf den Lippen die Wahrheit,
in der Hand den Segen,
im Herzen die Liebe!«

Man könnte meinen:
ein vermessenes Wort!
Und doch ein wahres Wort.
Und darum
mache ich es mir heute zu eigen.

Ansprache nach der Bischofsweihe
am 28. Oktober 1933.
Von Galen zitiert das Wort eines
Pfarrers bei der Pfarreinführung

Sterbebett geworden ist, steht lebhaft wieder vor meinen Augen die Erinnerung an die Stunde am 17. Januar 1937, in der ich das unverdiente Glück hatte, mit anderen deutschen Bischöfen nach Rom berufen, ... um dieses Krankenbett versammelt, aus dem Munde des Heiligen Vaters Worte der Belehrung und Ermunterung, des Trostes und des Segens entgegen nehmen zu dürfen.«

Vielleicht lässt sich von Galen auch von dem sterbenskranken, für die Kirche leidenden Papst bestärken, wie dieser es selbst formuliert, »durch körperliche Schmerzen dem gekreuzigten Heiland ähnlich zu werden« und für die Kirche zu leiden. Von Galen erwähnt dieses Beispiel für alle Leidenden und Bedrängten ausdrücklich. Sicher hat von Galen seinen unermüdlichen Einsatz für die Kirche auch angenommen als Leiden mit der Kirche und für die Kirche. Er hat nicht nur geredet, er hat sich verschenkt für die Kirche und zum Wohl der Menschen.

Die Enzyklika »Mit brennender Sorge« von Papst Pius XI. erscheint 1937 in deutscher Sprache. Sie wird per Kurier der Berliner Nuntiatur am Passionssonntag nach Münster überbracht. Nach geheimen Absprachen druckt der Verlag Regensberg in der folgenden Woche 2.200 Exemplare des Kirchlichen Amtsblattes und 120.000 Broschüren mit dem Text der Enzyklika, die durch Kuriere im ganzen Bistum verteilt und von Hand zu Hand weitergereicht werden. Von Galen ordnet an, dass sie am Palmsonntag trotz der langen Liturgie in voller Länge verlesen wird.

Der von Kardinal Faulhaber vorgelegte Entwurf wurde in Rom überarbeitet und zum Teil verschärft. In der Enzyklika heißt es: »Wer die Rasse oder das Volk oder den Staat oder die Staatsform, die Träger der Staatsgewalt oder andere Grundwerte menschlicher Gemeinschaftsgestaltung – die innerhalb der irdischen Ordnung einen wesentlichen und ehrgebietenden Platz behaupten – aus dieser irdischen Wertskala herauslöst, sie zur höchsten Norm aller, auch der religiösen Werte macht und sie mit Götzenkult vergöttert, der verkehrt und fälscht die gottgeschaffene und gottbefohlene Ordnung der Dinge.«

Die Enzyklika ist ein eindeutiges Dokument gegen die nationalsozialistische Rassenidee. Von den Intellektuellen wird sie verstanden, verfehlt jedoch die erhoffte Breitenwirkung. Verstanden haben sie die Nationalsozialisten, die durch das Verlesen und die Verbreitung überrascht werden. Sie beschlagnahmen die Druckerei Regensberg und verbieten für drei Monate das Kirchliche Amtsblatt. Das Reichspropagandaministerium spricht in einem Schreiben »von den besonders stark auftretenden staatsfeindlichen Umtrieben von kirchlicher Seite im Gebiet des Bistums Münster«, wo der Bischof 120.000 Exemplare des Rundschreibens unter die Gläubigen gebracht habe.

Die Nationalsozialisten verstärken den Druck. Zunehmend kommen Priester in Gefängnisse und Konzentrationslager. Die Machthaber werfen ihnen häufig Devisen- und Sittlichkeitsvergehen vor, um die Gemeinden gegen sie aufzubringen.

Nun liegt auch von Rom eine eindeutige Stellung vor, und vor diesem Rückhalt sucht von Galen die anderen Bischöfe zu verstärktem offenen Widerstand zu bewegen. Er regt einen weiterführenden Hirtenbrief aller Bischöfe an und legt den westdeutschen Bischöfen einen Entwurf vor, der auch dem Breslauer Kardinal Bertram zugeht. Leider kommt es nicht dazu, da man befürchtet, ein solcher Hirtenbrief könne den Vorwurf der Reichs- und Staatsfeindlichkeit provozieren.

Die Bemühungen von Galens veranlassen Kardinal Bertram, den Vorsitzenden der Bischofskonferenz, sogar zu der Bemerkung, der Bischof von Münster habe »kein politisches Fingerspitzengefühl« und meine, »er könne den deutschen Episkopat kommandieren wie seine westfälischen Bauern«. Bertram bleibt bei seiner Linie der Eingabepolitik.

Lieber Leser, liebe Leserin! Bischof von Galen, ein mutiger Mann, unter Einsatz seines Lebens immer Gott und den Menschen verbunden und verpflichtet. Eine große Persönlichkeit! Persönlichkeiten fallen nicht vom Himmel. Menschen reifen zu Persönlichkeiten in oft auch schmerzhaften Prozessen. Nur wer sich von den Gegebenheiten des Lebens nicht überrollen lässt und wer sich den Gegebenheiten des Lebens nicht nur anpasst, sondern sich mit ihnen auseinandersetzt, kann darin reifen. Das gilt auch für schmerzliche Erfahrungen und Niederlagen, die immer die Chance eines neuen Weges in sich bergen.

Verstärkter öffentlicher Widerstand

Von Galen hat als Pfarrer in Berlin und in Münster immer wieder offen auch außerhalb des Kirchenraumes seine Stimme erhoben. Als Bischof sucht er verstärkt die Öffentlichkeit. Seine Stimme wird von den Katholiken des Bistums und auch darüber hinaus gehört. Sodann überschreitet er immer mehr den Kreis dieser Hörer und sucht vor allem ab 1937 eine »Front der anständigen Menschen« aufzubauen, was ihm auch mehr und mehr gelingt.

Geradezu nach einem Schema verläuft sein Widerstand:

> Er stellt die Art des geschehenen Unrechts dar. Den Text des Reichskonkordates trägt er in Heftchenformat in der Regel bei sich.

> Der nächste Schritt besteht in mündlichen Verhandlungen oder in schriftlichen Eingaben, bzw. in beiden zugleich.

> Er erstattet Anzeige bei den zuständigen staatlichen Stellen oder Parteigremien, um jede Möglichkeit der Verständigung auszuschöpfen.

> Bleibt der Erfolg aus, geht er in Predigten oder Hirtenbriefen in die Öffentlichkeit.

> Das bedeutet eine Aufforderung an die Hörer, konsequent dem Bibelwort zu folgen: »Man muss Gott mehr gehorchen als den Menschen.« (Apg 5,29)

Der Gedanke eines gewaltsamen Aufstands liegt ihm fern. Als dem Offizial in Vechta, Franz Vorwerk, seinem Vertreter im Oldenburger Land, 1938 Aufenthaltsverbot im Bereich des Landes Oldenburg erteilt wird, erhebt von Galen schriftlich Einspruch bei Hitler. Bereits zwei Tage später schreibt er in einem Hirtenbrief an die »Diözesanen im Lande Oldenburg«: »Wir stehen unter der Gewalt, und wir fügen uns der Gewalt, selbst wenn wir ihre Maßnahmen nicht als berechtigt erkennen können. Wir wollen die Mahnung unseres Heilands befolgen, der durch sein Beispiel und sein Wort uns gelehrt hat: ›Ich sage euch: leistet dem Bösen keinen Widerstand‹ (Matth 5,39). ›Vergeltet nicht Böses mit Bösem, nicht Schmähung mit Schmähung‹ (1 Petr 3,9). ›Lass dich vom Bösen nicht überwinden, sondern überwinde das Böse durch Güte‹ (Röm 12,21). Aber das ist selbstverständlich, und das kann uns niemand verargen, dass wir trauern über solche Geschehnisse und diese Trauer auch öffentlich kundgeben.«

Ich kann mir die einsamen Nächte vorstellen, in denen er trauert und um seinen Alleingang ringt und ihn innerlich vorbereitet hat. Vertreter der Reichsregierung, der Partei und der SS rechnen ihn zu den gefährlichsten Gegnern. Und das weiß er.

Eingaben

Die vielen Briefe mit Mitteilungen, Anregungen und Vorschlägen von Galens an den Vorsitzenden der deutschen Bischofskonferenz, an Bischof Berning von Osnabrück, der sich um Schulfragen zu kümmern hatte und an andere Personen sind Zeichen seiner steten Wachsamkeit und unermüdlichen Arbeit.

Hinzu kommen immer neue Eingaben an Hitler, Göring, an den Reichsinnenminister, an den Reichsminister für die kirchlichen Angelegenheiten, an das Oberkommando der Wehrmacht und an viele staatliche Dienststellen. Er schreckt mit seinem offenen Wort nicht vor Widerstand zurück.

So schreibt er am 9. Juni 1939 in einem langen Brief an Hitler und warnt ihn: »Da bei den Verfügungen der Geheimen Staatspolizei über Freiheit, Leben und Besitz der deutschen Volksgenossen ein geordneter Weg für eine unparteiische Kontrolle nicht gegeben ist, besteht bereits in weitesten Volkskreisen das Gefühl der Rechtlosigkeit. Auf die Dauer muss daraus nicht nur jedes gegenseitige Vertrauen untergraben werden, sondern auch besonders bei der Jugend eine Verbildung des deutschen Charakters entstehen, sodass schließlich nicht mehr die Achtung vor dem Recht, sondern nur mehr physische Gewalt und die Furcht notdürftig das Gemeinschaftsleben stützen, bis es beim Weichen dieser Scheinfundamente im allgemeinen Chaos zusammenbricht.«

Wer sagt dem Führer, der stets von getreuen Gefolgsleuten umgeben ist, solche Wahrheiten ins Gesicht? Von Galen mag immer wieder die Erklärung Hitlers im Kopf haben: »Die Reichsregierung sieht im Christentum die unerschütterlichen Fundamente des sittlichen und moralischen Lebens unseres Volkes.« Diese Zusicherung liefert von Galen den moralischen Grund für seine direkten und offenen Einwände.

Der Alleingang

Der Bischof sieht die Freiheit und die Rechte der Menschen und der Kirche immer mehr eingeschränkt und verletzt durch das menschenverachtende Vorgehen der Nationalsozialisten. Am 28. April 1938 schreibt er an den Vorsitzenden der Fuldaer Bischofskonferenz, Kardinal Bertram von Breslau: »Nach meiner Meinung ist der fast einzige noch gangbare Weg, um die Abstellung unerhörter Rechtsverletzungen zu versuchen, die Gegner von neuen Gewalttaten abzuschrecken und die Regierung verhandlungsbereit zu machen derjenige, dass die rechtswidrigen Gewalttaten und Praktiken öffentlich bekannt gemacht werden; und zwar nicht nur in der beschränkten Öffentlichkeit der davon betroffenen Diözese, sondern in ganz Deutschland. Die einzige Möglichkeit solch öffentlicher Bekanntmachung ist die Mitteilung von allen Kanzeln auf Anordnung der Bischöfe.«

Von Galen versucht im Widerstand Führung zu übernehmen in der Bischofskonferenz. Der Weg in die Öffentlichkeit scheint ihm einzig erfolgversprechend. Kardinal Bertram beantwortet umgehend den Brief von Galens, geht aber auf den angeführten Vorschlag von Galens nicht ein, weist vielmehr auf das Bemühen verschiedener Bischöfe und Ordinariate hin in ihrem Kampf gegen Behinderungen und Rechtsverletzungen der Nationalsozialisten.

Den Kardinal Bertram vorgeschlagenen Weg wird von Galen nun allein gehen. Im Mai 1941 schreibt er einen dramatischen Brief an Bischof Berning von Osnabrück. Er verweist auf seine Eingaben an den Reichskirchenminister: »Die angeführten Tatsachen zeigen wieder einmal, welch blindem Hass und welchem willkürlichen Missbrauch der Macht wir gegenüber stehen ... Es scheint mir nachgerade höchste Zeit zu sein, dass wir einmal in einer gemeinsamen Besprechung uns darüber klar und einig werden, ob wir die Fortführung des uns aufgezwungenen Abwehrkampfes in der bisherigen, fast ganz passiven Weise noch verantworten können ... Ich frage mich, ob wir nicht mehr tun müssen als bisher ... Ich habe mein Gewissen immer wieder damit zur Ruhe gebracht, dass ich mir sagte: Wenn der Kardinal Bertram und so viele andere Bischöfe, die an Alter, Erfahrung und Tugend mir überlegen sind, bei all dem ruhig bleiben und sich mit den papiernen und wirkungslosen, der Öffentlichkeit unbekannten Protesten des Vorsitzenden der Fuldaer Bischofskonferenz begnügen, dann wäre es anmaßend, und für die anderen hochwürdigen Herren ehrenkränkend, vielleicht auch töricht und verkehrt, wenn ich durch eine ›Flucht in die Öffentlichkeit‹ mich vordrängen und möglicherweise sogar noch brutalere Maßnahmen gegen die Kirche provozieren würde. Aber ich kann mein Gewissen mit solchen Argumenten ›ex auctoritate‹ bald nicht mehr zur Ruhe bringen ... Wenn wir das ohne öffentlichen Protest hinnehmen dürfen, wo ist dann überhaupt noch der Punkt, an dem es für uns Pflicht wird, für die Freiheit der Kirche öffentlich einzutreten und gegebenenfalls die eigene Freiheit und das Leben zum Opfer zu bringen.«

Was ihm von Amts wegen aufgetragen ist und was sein Dienst als Bischof von ihm verlangt, wird ihm nun vollends zur persönlichen Berufung. Er verbindet Auftrag und Leben zu einer Einheit, und er ist bereit, in diesen Auftrag hineinzusterben. Sein letztes und endgültiges »Ja« ist das zur Hingabe seines Lebens. Er begibt sich auf diesen Weg, indem er sich dem Anruf seines Gewissens stellt und die »Flucht in die Öffentlichkeit« beginnt. Es ist Sommer 1941. Hitlers Macht ist ungebremst. Die deutschen Truppen siegen in Russland. Nur seine von christlicher Demut geprägte Haltung und die Hochschätzung seiner erfahrenen bischöflichen Mitbrüder haben ihn mit seinem Alleingang so lange zögern lassen. Kommt jetzt die Stunde, wo der ihm in die Wiege gelegte und im Leben bewährte christliche Adel ihn ruft zum riskanten, alles auf eine Karte setzenden Einsatz für Bedrängte?

Von Galen berichtet in seinem »Bischofswort an die katholische Jugend« vom 12. Mai 1940, dass der Philosoph Peter Wust – er wusste um seinen bevorstehenden Tod – ihn aufgesucht habe, um ihm einen Abschiedsbesuch zu machen. Er zitiert aus diesem Gespräch eindringliche Vermächtnisworte von Peter Wust und schließt dann: »So rufe ich euch zu: ›Betet Brüder, betet alle Zeit, damit mein und euer Opfer wohlgefällig und angenehm sei vor Gott, unserem allmächtigen Vater‹.« Die in dem Gespräch erlebte Solidarität mit dem tief gläubigen Philosophen Peter Wust mag ihn bestärkt haben und Kraft gegeben haben für den nun vor ihm liegenden Weg.

Gedrängt hat ihn auch einige Wochen vorher der Dominikanerpater Odilo Braun (1899-1981), der ihm über beschlagnahmte Klöster in anderen Diözesen berichtete und sagte: »Exzellenz, man muss auch löschen, wenn das Nachbarhaus brennt. Man darf nicht warten, bis der eigene Dachstuhl Feuer gefangen hat.«

Das mutige öffentliche Kanzelwort

Am 13. Juli 1941 geht von Galen in der Kirche, in der er als Pfarrer gewirkt hat, in St. Lamberti in Münster, auf die Kanzel und hält die erste seiner drei berühmt gewordenen Predigten. Wenige Tage vorher, in den Nächten vom 6. bis 10. Juli, hatte die Stadt Münster schwere Bombenangriffe erlitten. Der Dom ist teilweise zerstört.

Er nennt zu Beginn seiner Predigt das Thema, das er vorgesehen hatte, sagt dann jedoch: »Aber ich muss für heute darauf verzichten, denn ich sehe mich genötigt, etwas anderes heute hier öffentlich zur Sprache zu bringen: ein erschütterndes Ereignis, das gestern, zum Abschluss dieser Schreckenswoche über uns gekommen ist.«

»Da hat gestern die Geheime Staatspolizei die beiden Niederlassungen der Gesellschaft Jesu, des Jesuitenordens, in unserer Stadt, Haus Sentmaring an der Weseler Straße und das Ignatius-Haus an der Königsstraße, beschlagnahmt, die Bewohner aus ihrem Eigentum vertrieben, die Patres und Brüder genötigt, unverzüglich, noch am gestrigen Tage, nicht nur ihre Häuser, nicht nur unsere Stadt, sondern auch die Provinz Westfalen und die Rheinprovinz zu verlassen.« Er spricht dann davon, dass auch mit den Schwestern von Wilkinghege und mit ihrem Haus das Gleiche geschehen ist.

Er fährt fort: »Kein Bewohner dieser Klöster ist eines Vergehens oder eines Verbrechens beschuldigt.« Er protestiert und betont: »Die Gerechtigkeit ist das einzige tragfeste Fundament aller Staatswesen.«

Von Galen sieht in diesem Unrechtsgeschehen nicht

nur die Kirche von Münster angegriffen, sondern das jedem Menschen zustehende Recht verletzt. »An diesem Beispiel«, sagt er weiter in der Predigt, »seht ihr, meine Christen, dass es nicht ein konfessionell-katholisches Anliegen ist, das ich heute öffentlich vor euch bespreche, wohl aber ein christliches, ja ein allgemein menschliches und nationales, religiöses Anliegen.«

Er schaut auch über die konfessionellen Grenzen hinaus: »Der Name eines evangelischen Mannes, der ... als evangelischer Pfarrer auch in Münster gewirkt hat, und der jetzt schon seit Jahren seiner Freiheit beraubt ist, ist euch allen bekannt, und wir alle haben die größte Hochachtung vor der Tapferkeit und dem Bekennermut dieses edlen deutschen Mannes.« Die Zuhörer wussten, dass er von Pfarrer Martin Niemöller sprach, der sich wegen seines Bekennermutes und Widerstandes im Konzentrationslager befand.

Offensichtlich wurde auch in der evangelischen Kirche sein Wort aufmerksam gehört. So hatte bereits im Sommer 1940 Pastor Fritz von Bodelschwingh, der Leiter der großen evangelischen diakonischen Einrichtung Bethel bei Bielefeld, Kontakt aufgenommen zu Bischof von Galen und ihn in Kenntnis gesetzt über die später nach der Adresse, Tiergarten 4 in Berlin, benannte »Aktion T 4«, lebensunwertes Leben auszulöschen. So hatte Hitler es in einem Geheimbefehl mit dem Polenfeldzug Herbst 1939 angeordnet. Es war die Erweiterung und Radikalisierung des bereits 1933 von der Reichsregierung verabschiedeten Gesetzes »zur Verhütung erbkranken Nachwuchses«.

Im Dezember 1940 hatte von Bodelschwingh an Gauleiter Meyer, den Oberpräsidenten von Westfalen, geschrieben: »Ist es wirklich ganz unvermeidlich, dass diese Belastung der Gewissen und der Volksstimmung auch über unsere westfälische Heimat kommt?« Über die Informationen aus Bethel setzt von Galen umgehend auch Kardinal Bertram in Kenntnis, so dass die Euthanasie auch Thema der nächsten Fuldaer Bischofskonferenz wurde.

Dem Vorwurf, er würde durch seine öffentlichen Einlassungen im Krieg die innere Front schwächen, entgegnet Bischof von Galen: »Nicht ich bin die Ursache einer etwaigen Schwächung der inneren Front, sondern jene, die ungeachtet der Kriegszeit, ungeachtet der augenblicklichen Not, ja, jetzt hier in Münster zum Abschluss einer Schreckenswoche schauriger Feindesangriffe schuldlose Volksgenossen ohne Gerichtsurteil und Verteidigungsmöglichkeit in harte Strafe nehmen ..., ihres Eigentums berauben, auf die Straße setzen, aus dem Lande jagen. Sie zerstören die Rechtssicherheit, sie untergraben das Rechtsbewusstsein, sie vernichten das Vertrauen auf unsere Staatsführung ... Wir fordern Gerechtigkeit.«

Tags zuvor hatte sich von Galen zusammen mit Regens Francken spontan auf den Weg begeben und traf vor dem Portal von Haus Sentmaring die Patres und Brüder und auf die verdutzten Gestapobeamten. Er erklärte: »Was höre und sehe ich hier? Behandelt man so deutsche Männer, gegen die nichts vorliegt? Setzt man sie einfach auf die Straße, ohne ein Verfahren? Sagen Sie Ihren Auftraggebern, ich, der Bischof von Münster, Clemens August Graf von Galen, sei persönlich hier gewesen und lege feierlich Protest ein gegen ein solches Verfahren!« Dann ließ er sie stehen und sprach freundlich und liebevoll mit den Ordensleuten.

Auf dem Rückweg sagt er zu Seinem Begleiter, Regens Francken: »Jetzt kann ich nicht mehr schweigen.«

Lieber Leser, liebe Leserin! Ich stelle mir die Einsamkeit dieses Mannes vor. Die Entscheidung zu diesem Alleingang muss unter Schmerzen geboren sein. Ich kann mir allerdings auch denken, dass ihm von den Zuhörern und Zuhörerinnen eine große Kraft zugeflossen ist, und dass er in seiner Entscheidung und auf dem Weg zur Kanzel die Kraft des Gottesgeistes in sich verspürt hat. Vielleicht war es für ihn auch ein großer Augenblick, in dem er mit sich selber in seiner eigenen Tiefe eins war.

Kennen auch wir solche Stunden, in denen wir über uns hinauswachsen, oder besser gesagt, Stunden, in denen Gottes Geist, den wir uns erbetet haben, uns über unsere Kraft hinaus wachsen lässt, Stunden, in denen wir in einer überaus großen Kraft in der Tiefe ganz eins mit uns selbst sind? Er hat es gewagt. Er hat den Graben übersprungen und er kann und er will nicht zurück.

Eine Woche später, am 20. Juli 1941, predigt er erneut, jetzt in der Überwasserkirche. Er berichtet von seinem erfolglosen Besuch beim Regierungspräsidenten und bemerkt: So bleibt uns nur ein »starkes, zähes, hartes Durchhalten«, und es fällt sein berühmt gewordenes Wort: »Wir sind Amboss und nicht Hammer! Aber seht einmal zu in der Schmiede! Fragt den Schmiedemeister und lasst es euch von ihm sagen: Was auf dem Amboss geschmiedet wird, erhält seine Form nicht nur vom Hammer, sondern auch vom Amboss. Der Amboss kann nicht und braucht auch nicht zurückzuschlagen, er muss nur fest, nur hart sein! Wenn er hinreichend zäh, fest, hart ist, dann hält meistens der Amboss länger als der Hammer. Wie heftig der Hammer auch zuschlägt, der Amboss steht in ruhiger Festigkeit da und wird noch lange dazu dienen, das zu formen, was neu geschmiedet wird. – Was jetzt geschmiedet wird, das sind die zu Unrecht Eingekerkerten, die schuldlos Ausgewiesenen und Verbannten. Gott wird ihnen beistehen, dass sie Form und Haltung christlicher Festigkeit nicht verlieren, wenn der Hammer der Verfolgung sie bitter trifft und ihnen ungerechte Wunden schlägt.«

Was damals geschieht, ist unfassbar, darum kann es nur in einem Bild ausgedrückt werden. Jeder kann es für sich und auf seine Erfahrungen hin deuten. Mancher, der bereits unsagbare Schläge hat aushalten müssen, wird sich in diesem Bild wiedergefunden haben.

Als von Galen hört, dass am letzten Julitag 1941 Kranke von Marienthal abtransportiert werden sollen, erstattet er – natürlich ohne Erfolg – beim Polizeipräsidenten von Münster Anzeige wegen Beihilfe zum Mord. Nach der wiederum aufsehenerregenden zweiten Predigt vergehen vierzehn Tage. In welcher Ungewissheit um sein persönliches Schicksal muss der Bischof gelebt haben? Er fürchtet sich nicht vor einer letzten Zuspitzung.

Am 3. August 1941 geht er erneut in der Lambertikirche auf die Kanzel, dieses Mal zum Thema »Euthanasie«. Er klagt an: »Seit einigen Monaten hören wir Berichte, dass aus Heil- und Pflegeanstalten für Geisteskranke auf Anordnung von Berlin Pfleglinge, die schon länger krank sind und vielleicht unheilbar erscheinen, zwangsweise abgeführt werden. Regelmäßig erhalten dann die Angehörigen nach kurzer Zeit die Mitteilung, der Kranke sei verstorben, die Leiche sei verbrannt, die Asche könne abgeliefert werden.«

»Wie ich zuverlässig erfahren habe, werden jetzt auch in den Heil- und Pflegeanstalten der Provinz Westfalen

Listen aufgestellt von solchen Pfleglingen, die als sogenannte ›unproduktive Volksgenossen‹ abtransportiert und in kurzer Zeit ums Leben gebracht werden sollen. Aus der Anstalt Marienthal bei Münster ist im Laufe dieser Woche der erste Transport abgegangen!« – »Als ich von dem Vorhaben erfuhr, Kranke aus Marienthal abzutransportieren, um sie zu töten, habe ich am 28. Juli bei der Staatsanwaltschaft beim Landgericht Münster und bei dem Polizeipräsidenten in Münster Anzeige erstattet.«

Er erzählt dann die Geschichte von einem 55-jährigen Bauern aus einer Landgemeinde des Münsterlandes, der zur Pflege in Marienthal sei, dessen Namen er nennen könne und der seit einigen Jahren unter Geistesstörungen leide. Der Sohn sei Soldat und habe ihn besucht. Von Galen sagt: »Ein Verwandter, der den Vater in dieser Woche in Marienthal besuchen wollte, wurde abgewiesen mit der Auskunft, der Kranke sei auf Anordnung des Ministerrats für Landesverteidigung von hier abtransportiert. Wohin, könne nicht gesagt werden.

Den Angehörigen werde in einigen Tagen Nachricht gegeben werden. Wie wird diese Nachricht lauten? Wieder so, wie in anderen Fällen? Dass der Mann gestorben sei, dass die Leiche verbrannt sei, dass die Asche gegen Entrichtung einer Gebühr abgeliefert werden könne?« Die Gläubigen bringen ihren Dank und ihre Zustimmung mehrfach durch Beifall zum Ausdruck. Auch das mag den Bischof gestärkt haben.

Von Galen rechnet mit seiner Verhaftung

Bereits vor der ersten großen Predigt bat von Galen seinen Kaplan, ihm Kleidung und Wäsche ins Gefängnis zu bringen, falls er verhaftet werde. Parteigrößen und Mitglieder der Reichsregierung spielen Möglichkeiten der Beseitigung von Galens durch bis zu dem Vorschlag, ihn öffentlich zu erhängen.

Man befürchtet jedoch, man könne dann die Bewohner des Münsterlandes und Westfalens abschreiben. Hitler sagt am 9. November 1941: »Sollte irgendeiner ernstlich hoffen, unsere Front stören zu können, sehe ich dem immer eine gewisse Zeit lang zu. Aber dann kommt der Augenblick, an dem ich blitzartig zuschlage. Und dann hilft alle Tarnung nichts, auch nicht die Tarnung mit der Religion.« Wer anders konnte gemeint sein als von Galen?

Noch Anfang März 1942 schreibt Hermann Göring an den Bischof: »Herr Bischof! Sie haben am 19. Oktober 1933 in meine Hand als Preußischen Ministerpräsidenten den Eid abgelegt ... Im Widerspruch hierzu sabotieren Sie mitten im Kriege durch Ihre Hetzrededen und Hetzschriften die Widerstandskraft des deutschen Volkes. Ich ersuche Sie daher um sofortige Stellungnahme, wie Sie Ihr ganzes Verhalten mit dem dem Preußischen Ministerpräsidenten geleisteten Eid in Einklang bringen können. Ich verweise Sie schon heute darauf, dass es auch für Sie nur eine Obrigkeit gibt: das ist die des Staates.«

Von Galen hat dieses Schriftstück in seiner Brieftasche aufbewahrt, so dass es beim Bombenangriff unversehrt blieb. Es geht um einen Kernpunkt der Auseinandersetzung. Die Anerkennung und der Gehorsam gegenüber einer von Gott gesetzten und vor Gott verantwortlichen Obrigkeit gehört zur Tradition und Grundüberzeugung von Galens. Obrigkeit aus sich selbst und Obrigkeit ohne Gott führt aber zu Willkür und Verbrechen.

Die Antwort von Galens erinnert an den Freimut, mit dem der heilige Paulus dem König Agrippa gegenübertritt (vgl. Apg 26). Am 16. März schreibt von Galen an Göring: »Als Christ kenne ich die Pflicht, die rechtmäßige Obrigkeit zu achten und zu ehren, wie es Christus und die Evangelien gebieten ... Ich gestatte mir ..., mit der Ehrerbietung, die ich Ihrer Person, Herr Reichsmarschall, und Ihrem hohen Range schulde, aber auch mit dem Freimut und mit der Entschiedenheit, die mein Gewissen, mein bischöfliches Amt und meine Mannesehre mir zur Pflicht machen, die im Schreiben vom 5. März 1942 gegen mich erhobenen Vorwürfe zurückzuweisen.« Er verweist darauf, dass alle seine Äußerungen in vollem Einklang mit der übernommenen Eidesverpflichtung stehen, und er hoffe, dass ihm Gelegenheit zur Rechtfertigung gegeben werde.

Weite Verbreitung der Predigten

Die Predigten werden Tag und Nacht abgeschrieben und vervielfältigt und gehen in alle Welt. Sie werden in Büros und Wartezimmern ausgelegt. Der spätere Berliner Blutzeuge Dompropst Bernhard Lichtenberg lässt nach der Entwarnung im Luftschutzkeller die Predigten vervielfältigen und an alle Pfarrämter in Berlin verteilen. In Lübeck müssen der Kaplan Johannes Prassek, der Vikar Hermann Lange, der Adjunkt Eduard Müller sowie der evangelische Pastor Karl Friedrich Stellbrink wegen der Kommentierung und Verbreitung der Predigten ihr Leben lassen.

In Zügen werden die Predigten ausgelegt, und sogar in Nistkästen im Garten hat man sie versteckt. Aus Flugzeugen der Alliierten werden die Texte der Predigten als Flugblätter über Deutschland abgeworfen. Über Radiosendungen der Engländer und Amerikaner erreichen die Predigten das Ohr vieler deutscher Hörer und Hörerinnen.

Ehemalige Soldaten haben mir persönlich berichtet, dass sie die Predigten in Russland erhalten und gelesen haben und wie diese Predigten sie aufgerichtet haben. Ein Bekannter sagte mir, dass er auf der Arbeitsstelle eine Zeit lang am Tag jeweils acht bis zehn Durchschriften angefertigt habe.

Pater Augustin Rösch SJ schreibt an das Jesuitengeneralat in Rom: »Die Galen-Predigten haben nach allem, was man erzählt, eine Verbreitung von nie gedachter Ausdehnung erfahren. Sein Mut und seine Offenheit und seine religiöse Haltung haben in allen Kreisen aller Richtungen das Ansehen der Kirche als Hüterin des Rechts und der Moral der Menschen außerordentlich gehoben und ein wenig die Bedrückung erleichtert, die durch das Schweigen so vieler Bischöfe auf Millionen lastet.«

Und die Dichterin Ricarda Huch schreibt an von Galen: »Erfahren zu müssen, dass unserem Volk das Rechtsgefühl zu fehlen scheint, war wohl das bitterste, was die letzten Jahre uns gebracht haben. Die dadurch verdüsterte Stimmung erhellte sich, als Sie, hochverehrter Herr Bischof, sich dem triumphierenden Unrecht entgegenstellten und öffentlich für die Verunrechteten eintraten. Das Bewusstsein, den Forderungen des Gewissens genug getan zu haben, ist mehr wert als Beifall der Menschen. Nicht um Sie zu stärken, schreibe ich Ihnen, sondern weil ich annehme, es sei Ihnen erfreulich zu wissen, dass es viele gibt, die sich Ihnen mit ganzem Herzen verbunden fühlen.«

Den Bischof trifft es tief, dass Priester und Laien wegen

Weitergabe oder Verlesen der Predigten verhaftet werden. In Rom findet sein mutiges Wort Beachtung und zustimmendes Lob. Papst Pius XII. schreibt an den Berliner Bischof Konrad von Preysing: »Die drei Predigten des Bischofs von Galen bereiten auch uns einen Trost und eine Genugtuung ... die drei Predigten des Bischofs sind ein Beweis dafür, wie viel sich durch offenes und mannhaftes Auftreten innerhalb des Reiches immer noch erreichen lässt.« Er ernennt ihn 1943 zum Päpstlichen Thronassistenten.

Die Predigten wirken lange nach. »Es muss im Herbst 1943 gewesen sein«, schreibt die Künstlerin und spätere Ordensfrau Tisa von Schulenburg, »dass ich den englischen Sender anstellte und eine deutsche Rede hörte. Dies Rede traf mich wie ein Schlag ... Ich saß tränenüberströmt da. Wer aber konnte so sprechen? Plötzlich, so schien es mir, war alles an die rechte Stelle gerückt. In großer Eindringlichkeit sprach ein Deutscher zu uns Deutschen. Er hielt uns unser Unrecht vor. Ich war bis aufs Tiefste erschüttert. Wie war es möglich, und wer war es, der diese Rede wagte? Am Schluss der Rede sagte der englische Sprecher: ›Wir übertrugen soeben eine Rede des Bischofs von Münster, des Grafen von Galen‹.«

Solidarisch mit dem Bischof von Münster wissen sich auch Studenten und Studentinnen in München, als sie in der Universität Flugblätter von den oberen Fluren ins Treppenhaus werfen, mit denen sie zum Widerstand aufrufen. Die Geschwister Scholl müssen dafür ihr Leben lassen.

Es geht eine Ermutigungswelle durch ganz Deutschland und weit darüber hinaus. Auf persönlichen Befehl Hitlers hin werden die Euthanasie-Aktionen zunächst eingestellt, wenn sie auch mit anderen Mitteln später ihre Fortsetzung finden.

Die Einstellung des Kreuzkampfes im Oldenburger Land und die Einstellung der Euthanasie sind benennbare und sichtbare Ergebnisse eines erfolgreichen Widerstandes in Deutschland gegen den Nationalsozialismus. Beide Erfolge haben ihren Grund in dem mutigen Auftreten eines Mannes, der konsequent seinem Gewissen folgt, der Orientierung gibt in verworrener Zeit und der – ohne Rücksicht auf seine eigene Freiheit und auf sein Leben

Aus mir selbst
habe ich nichts,
bin ich nichts
außer Armseligkeit
und Schwäche.

Alles,
was ich bin und habe,
alle natürlichen Anlagen
und Fähigkeiten,
die ich zu eurem Heil
verwenden soll,
sind Gottes Geschenk.

ANSPRACHE NACH DER BISCHOFSWEIHE
AM 28. OKTOBER 1933

Die Gerechtigkeit ist das Fundament der Staaten!

Predigt am 13. Juli 1941 in der Lamberti-Kirche in Münster

– für andere Leben, Freiheit und Menschenrechte einfordert.

Von Galen fördert den Widerstand gegen die nationalsozialistische Weltanschauung und gegen die Regierungspraxis, nicht gegen den Staat. »Wir Christen machen keine Revolution«, sagt er in einer Predigt.

Mahner unter den Bischöfen

Mit von Galen und dem Berliner Bischof Konrad von Preysing an der Spitze sucht der ›harte‹ Kern der Bischofkonferenz eine Wende der Kirchenkampftaktik zu erreichen und zwar hin zu einer stärkeren und ständigen Mobilisierung der Öffentlichkeit. Als sich auf Initiative von Galens die Bischöfe der Kölner Kirchenprovinz enger zusammenschließen, gehören diese mit Josef Frings als Erzbischof von Köln zur offensiven Fraktion der Bischofskonferenz.

Diese kann sich jedoch nicht gegen die Linie des Vorsitzenden der Bischofskonferenz, Kardinal Bertram von Breslau, durchsetzen, der den Weg der »Eingaben-Politik« bevorzugt und damit auf nicht-öffentliche Verhandlungen setzt. So wird von Galen der Vorkämpfer und letztlich auch Einzelkämpfer im deutschen Episkopat.

Dass die Bischöfe auch in der nichtchristlichen Öffentlichkeit als Gegenpol zum Nationalsozialismus gelten, geht weithin auf den mutigen Einsatz von Galens zurück. Hitler hat ihn längst als den zentralen Gegner erkannt.

Von Galen und die Juden

Bischof von Galen sieht nicht nur das eigene Haus in Flammen, die Kirche. Er verteidigt die Rechte aller Menschen, gerade die der hilflosen, die sich selbst nicht wehren können.

Die Frage der Verfolgung und der Ermordung der Juden gehört zwar nicht unmittelbar zu den zentralen Themen seines kämpferischen Einsatzes, schwingt aber indirekt immer mit. Er verleiht ihr Ausdruck, als er sich in seinem Kampf gegen die Rassenideologie für die unverfälschte Lehre über die Heilsgeschichte Israels im Religionsunterricht einsetzt.

In seinem Hirtenbrief vom 19. März 1935, der wegen seiner ungewöhnlichen Länge auch am Nachmittag oder Abend an Stelle einer Fastenpredigt verlesen werden kann, schreibt er: »Was also ist die ›Rassenseele‹, welche manche Vertreter des Neuheidentums als die ›große Entdeckung der Neuzeit‹ anpreisen?... Die ›ewige Rassenseele‹ ist in Wirklichkeit ein Nichts, ein Produkt ihrer Phantasie.« Er sieht diese Lehre als Zumutung für ein Volk, das »sich vor jenem anbetend beugt, der als ›Menschensohn‹ die Erbschuld aller Menschenkinder aller Rassen, aller Zonen, aller Zeiten gesühnt und als ›Gottessohn‹ alle zur Gotteskindschaft und zur Erbschaft des Himmels berufen hat!« Die Propaganda der Nationalsozialisten bezeichnet das Christentum als semitisch verseucht und rückt somit die Christen in die Nähe der Juden. So ergibt sich für sorgsam Wahrnehmende auch eine innere Verbindung seines Widerstandes mit den Juden.

»Nur oberflächliche Geister können den Wahnversuch unternehmen, Gott in die blutsmäßige Enge einer einzelnen Rasse einkerkern zu wollen«, schreibt von Galen. Hat er dabei nicht auch das Grauen im Auge, das denen zugefügt wird, die nach Meinung Hitlers und seiner Genossen zu den schlimmsten Feinden dieser Rasse gehören?

Am Morgen nach der Reichskristallnacht 1938 werden jüdische Geschäfte geplündert, Juden geschlagen und abtransportiert und Synagogen angezündet. Der Rabbiner in Münster, Dr. Steinthal, kommt ins Polizeigefängnis. Von Galen – er war auf Firmungsreise – schickt sofort einen Boten zur Frau des Rabbiners und bietet seine Hilfe an.

Verantwortliche jüdischer Gemeinden und Einrichtungen bedanken sich nach dem plötzlichen und unerwarteten Tod von Galens in Kondolenzschreiben für seinen Einsatz zugunsten jüdischer Mitbürger.

Der Grund für das Ausbleiben einer expliziten Stellungnahme zur Judenfrage ist wohl in der Befürchtung von Galens zu finden, dass jedes explizite Wort zu dieser Frage die Judenverfolgung verstärken würde. Auch viele Juden Münsters dachten wohl ebenso. In Holland jedenfalls werden nach einem öffentlichen Kanzelprotest des Bischofs de Jong von Utrecht im Juli 1942 viele Juden in Konzentrationslager gebracht, u. a. auch Edith Stein und ihre Schwester Rosa Stein.

1944 bringt von Galen seinem Generalvikar gegenüber zum Ausdruck, »er trage schwer daran, nach dem Brand der Synagoge nicht sofort und öffentlich protestiert zu haben«.

Keine Rache trotz maßloser kriegerischer Handlungen

Aufmerksam nimmt der Bischof die Stimmung im Volk wahr und reagiert. 1943 zerstören Bomben den Dom, mehrere Kirchen und weite Teile Münsters. 700 Menschen finden den Tod, darunter auch 52 Clemens-Schwestern und zwei Domkapitulare. Auch das Bischofshaus ist betroffen, und der Bischof muss umziehen in das Collegium Borromaeum.

Muss sich nicht unter der Bevölkerung Münsters der Hass gegen die Feinde ausbreiten? Wollte man es jemandem verübeln, Rachegefühle zu entwickeln und wach zu halten für die Zeit nach dem Krieg? Der Bischof erkennt die Gefahr, dass sich in der Bevölkerung Gefühle breit machen, die einer christlichen Haltung zuwiderlaufen.

Anlässlich einer Wallfahrt predigt er am 4. Juli 1943 in Telgte: »Furchtbar ist es, was in diesem Kriege Menschen ihren Mitmenschen an Leid und Not bereiten, wie die Menschen die neuen Erfindungen und technischen Fortschritte ausnutzen, um einander zu schaden ... Furchtbare Verantwortung derer, die den Bombenkrieg begonnen haben und mit immer wirksameren Mitteln fortsetzen! – Und doch: ich muss das einmal öffentlich aussprechen: die Hass- und Vergeltungsrufe, von denen die deutsche Presse wiederhallt, kann und will ich mir nicht, dürft auch ihr euch nicht zu eigen machen!

Soll es wirklich der Wunsch und Wille des deutschen Volkes sein, dass wir Rache nehmen wollen für das Leid, das uns trifft? Dass wir vor allem anderen danach verlangen, dass auch unsererseits in England und den sonstigen Feindländern Kirchen und Spitäler zerstört, Kinder und Frauen, die nichts mit dem Krieg zu tun haben, umgebracht werden? ... absichtlich, nur um Rache zu nehmen, nur um Vergeltung zu üben, nicht-militärische Ziele, nichtkämpfende Menschen schädigen wollen, das widerstreitet nicht nur christlichem Denken, das verleugnet auch anständiges Denken, ritterliches Soldatentum, ja, edles Mannestum, dessen Stolz es ist, nicht primitiven und niedrigen Rachegefühlen zu unterliegen ... Meine Christen, ich muss das einmal öffentlich aussprechen, weil die Absage an Rache und Hass das Gebot Christi ist, das ich zu verkünden habe.«

Der Bischof unterscheidet zwischen dem gerechten Krieg, dem auch Unschuldige zum Opfer fallen und Rachehandlungen, die das Maß notwendiger kriegerischer Handlungen überschreiten und von Rachegefühlen diktiert sind. Rache hat in der Nachfolge Christi keinen Platz und widerspricht zugleich jenem Menschenbild, das ihm vor Augen steht und in der Geschichte seiner adligen Familie stets vehement verteidigt wurde.

Sich als einsamer Kämpfer aus einer emotional aufgepeitschten Menge zu lösen und sie auf einen christlich motivierten und menschlich anständigen Weg zu bringen, erfordert Sicherheit und Mut. Die Predigt muss das Gewissen der Hörer und Hörerinnen getroffen, und es muss etwas von seiner Christlichkeit und menschlichen Geradheit übergesprungen sein. Viele werden neu Orientierung gefunden haben.

Demut trotz weltweiter Berühmtheit

Von Galen sieht sich trotz seiner mutigen Predigten, die ihn in das Blickfeld der Weltöffentlichkeit rücken, nicht als Held. Als demütiger Pilger begibt er sich oft in der Morgenfrühe vor das Gnadenbild der Schmerzhaften Mutter in Telgte und holt sich dort Kraft.

So schreibt er in einem Brief kurz nach seinen drei großen Predigten: »Ich glaube, nach allem, was ich von der Wirkung meiner letzten Predigten höre, dass wirklich die Liebe der ›Muttergottes vom guten Rat‹ den Heiligen Geist mit Erfolg gebeten hat, mir die rechten Gedanken in den Sinn und die rechten Worte auf die Zunge zu legen. Denn ich weiß schon aus langer Erfahrung: Das kann ich nicht immer und aus eigenem Antrieb. Es gibt Zeiten, wo ich stumpf in Gedanken, so unberedt in Worten bin, dass ich besser schweige. Und dann gibt der liebe Gott mir mal von Zeit zu Zeit, wenn er es für nötig hält, Gedanken und

Worte, die irgendwie nützen. Aber wir wollen den Erfolg ruhig Gott überlassen und froh und dankbar sein, wenn wir uns für ihn plagen dürfen.«

Er weist alle Ehre von sich, weil er sich ganz im Dienst Christi weiß. So sagt er in seiner Predigt am 10. Mai 1938 in Velen: »Meine lieben Katholiken von Velen! Ihr habt mich aufgenommen mit einer Freude, mit einem Schmuck, mit einer Herzlichkeit und Wärme, dass es mich tief ergreift und rührt. Nicht meiner Person wegen, – ich müsste es ablehnen, um meinetwillen solche Ehre zu empfangen. Ihr habt mich aufgenommen, um dessentwillen, der mich zu euch sendet ... In mir habt ihr Christus begrüßt und empfangen.« Von ihm weiß er sich ganz durchdrungen, und in tiefer Frömmigkeit mit ihm vereint gemäß dem Pauluswort: »Nicht mehr ich lebe, sondern Christus lebt in mir« (Gal 2,20).

Auch persönliche Schmähungen muss er immer wieder über sich ergehen lassen. Er berichtet in der eben zitierten Predigt in Velen: »... dass im Dunkel der Nacht lichtscheues Gesindel brüllend und singend in Münster über den Domplatz zieht und dann vor der Wohnung des Bischofs Halt macht, um Schmährufe und Schimpfworte zu meinen Fenstern hinaufzurufen. So geschah es noch in der Nacht des ›Festes der Nationalen Arbeit‹ am 1. Mai dieses Jahres, in der eine brüllende Horde über den Domplatz zog und vor meinem Haus von der Polizei unbehelligt ein schmutziges Schmählied auf den Bischof sang, dessen Wortlaut ohne allen Witz nur die eigene Gemeinheit der Sänger enthüllte.«

Wenn der, der in der Sorge um das deutsche Volk den Mund aufmacht, indem er Irrtümer aufdeckt und Wegweisung gibt, als »Landesverräter« beschimpft und des »Hochverrates« bezichtigt wird, dann wird ihn, der sein Vaterland liebt, das auch persönlich tief betroffen haben.

Frei und offen auch gegenüber den Besatzungsmächten

Von Ende 1944 bis Dezember 1945 lebt von Galen in Sendenhorst, wo er den Einmarsch der Briten erlebt. Münsters Innenstadt ist fast vollständig zerstört, so auch das

Bischöfliche Haus. Im Mai 1945 leben in den Ruinen innerhalb des Promenadenringes, der die Altstadt umgibt, nur noch 19 Menschen.

In den Augen der Besatzungsmächte gilt die katholische Kirche als geistige Gegenmacht zum Nationalsozialismus. Zu diesem Ansehen der Kirche hat wesentlich von Galen beigetragen. Er hat sich jedoch nie eine militärische Niederlage Deutschlands gewünscht. Zur Zeit des Überfalls auf Russland vertritt er wie viele andere auch die These von einem gerechten Krieg, da sich hier die Chance bot, dem religions-, kirchen- und menschenverachtenden Bolschewismus ein Ende zu bereiten. Er fürchtet, dieser könne sich weiter ausbreiten. So deutet er den Angriffskrieg als Verteidigungskrieg. Nicht in allem wächst von Galen über die Vorstellungen und Denkweisen seiner Zeit hinaus.

Auch von den Briten lässt von Galen sich nicht vereinnahmen, als sie ihm das Amt des westfälischen Regierungspräsidenten antragen. Er lehnt das Angebot ab mit der Begründung, Politik sei »nicht sein Metier«.

Er interveniert gegenüber den Briten massiv im Hinblick auf die Behandlung Kriegsgefangener und die Vertreibung aus den Ostgebieten. Er beklagt Einschränkungen im Hinblick auf Religions- und Pressefreiheit und die katastrophale wirtschaftliche Versorgung der Bevölkerung. Er fordert Gerechtigkeit für die internierten Deutschen.

Gerechtigkeit für das deutsche Volk

Am 1. Juli 1945 hält er eine aufsehenerregende Predigt anlässlich der alljährlichen Stadtwallfahrt nach Telgte. Er begrüßt die Pilger und sagt: »Auch im letzten und in den vorhergehenden Kriegsjahren haben wir uns hier zusammengefunden, wenn auch angeblich wegen der Gefahr des Luftkrieges die geschlossene Prozession und die Abhaltung des Pontifikalamtes außerhalb der Kirche verboten war. Diese Gefahr ist nun glücklich vorüber, und wir haben wieder die Freiheit, auch öffentlich in althergebrachter Weise unsere religiösen Feste zu feiern. Gott sei Dank!«

Sodann verweist er auf seine Predigt, die er zwei Jahre zuvor bei der Telgter Wallfahrt gehalten hat: »... diese

Worte, die ich vor zwei Jahren gegen Hass und Rachsucht meiner deutschen Landsleute gesprochen, geben mir das Recht, in diesem Jahr auch solche Ablehnung auszusprechen gegen manche Äußerungen und Geschehnisse, die nur aus Hass und Rachsucht unserer früheren Kriegsgegner zu erklären sind. Wenn man heute es so darstellt, als ob das ganze deutsche Volk und jeder von uns sich schuldig gemacht habe durch die Gräueltaten, die von Mitgliedern unseres Volkes im Kriege begangen sind, dann ist das ungerecht. Wenn man sagt, das ganze deutsche Volk und jeder von uns sei mitschuldig an den Verbrechen, die in fremden Ländern und im deutschen Land, die vor allem in den Konzentrationslagern begangen sind, so ist das gegen viele von uns eine unwahre und ungerechte Beschuldigung.«

Mit Vehemenz wehrt er sich gegen den Vorwurf einer deutschen Kollektivschuld d. h. dagegen, dass das gesamte deutsche Volk an den Verbrechen des Nationalsozialismus für schuldig erklärt wird. Er weist das als »unwahre und ungerechte Beschuldigung« zurück: »Es ist Verleugnung der Gerechtigkeit und der Liebe, wenn man uns alle, jeden deutschen Menschen, für mitschuldig an jenen Verbrechen und darum für strafwürdig erklärt.« Als Indiz für die unwahren Beschuldigungen weist er auf die zahlreichen Insassen in Konzentrationslagern hin, wo auch bis Kriegsende sein Bruder Franz gefangen gehalten wird.

Er kritisiert öffentlich die britische Besatzungsmacht. Er tadelt gesetzlose Übergriffe von Soldaten und die Plünderungen befreiter Kriegsgefangener, die sich in ihren Taten gerechtfertigt glauben aufgrund der Schuld der Deutschen: »Fort mit solch unwahrer und ungerechter Untermauerung einer Haltung, die es zulässt, dass der Rest unserer Habe aus den durch Bomben zerstörten Wohnungen weggeschleppt, dass Häuser und Höfe auf dem Lande von bewaffneten Räuberbanden geplündert und verwüstet, dass wehrlose Männer ermordet, dass Frauen und Mädchen von vertierten Wüstlingen vergewaltigt werden. Fort mit einer Haltung und Gesinnung, die einer etwaigen Hungersnot im deutschen Lande untätig zuschauen würde …« Er fordert auch jetzt die »Bestrafung« der »Schuldigen und Verantwortlichen« »nach Recht und Gerechtigkeit«.

Die klaren Worte sind Ausdruck seines Rechtsempfindens. Manche werfen ihm wieder übersteigerten

Nationalismus vor. Natürlich ist er in seiner Liebe zum Vaterland auch Kind seiner Zeit. Auch diese Predigt wird durch Abschriften vervielfältigt und schnell verbreitet.

Hilfe den Notleidenden

Seine sozial-karitative Verantwortung nimmt er auch nach dem Krieg unvermindert wahr. An die Gläubigen des Bistums appelliert er in seinem Adventshirtenbrief 1945: »Nehmt also, wenn jener Flüchtlingszug unserer Volksgenossen aus dem Osten unser Gebiet erreicht, jene obdachlosen Menschen willig auf: nicht nur auf Befehl der Obrigkeit gehorchend und heimlich darauf bedacht, sich diesem zu entziehen, sondern in christlicher Liebe ihnen Herberge bietend ... So wie ihr wünscht, dass man euch aufnehme und begegne, wenn euch das Schicksal solch grausamer Vertreibung aus der Heimat träfe, so handelt an jenen, die Gottes Zulassung euch zusendet, damit sich an ihnen eure Jüngerschaft Christi erprobe.«

Hier kommt der Seelsorger der Berliner Zeit wieder durch. So ruft er ihnen »ein herzliches Willkommen zu« und sagt: »Lasst uns dem satanischen Hass, der die Welt verwüstet, entgegensetzen die göttliche Liebe, die allein der Welt Heilung und Rettung bringt. – Kommt auch in unsere Kirchen ... dort habt ihr Heimatrecht.«

Dieses Wort vom »Heimatrecht« ist der Zuspruch, den jene brauchen, die ihre Heimat verloren haben. Auch ihnen ist er Anwalt und Wegbereiter zu einem Neuanfang.

Neues gesellschaftliches und politisches Leben

Von Galen sieht als wichtige Aufgabe der Deutschen, das gesellschaftliche und politische Leben wieder an menschlichen und christlichen Maßstäben auszurichten. Auf seiner Romreise im Februar 1946 erarbeitet er mit Pater Gundlach SJ »Katholische Grundsätze«, die er zur Grundlage eines Hirtenwortes der Westdeutschen Bischöfe nehmen möchte, allerdings dort nicht aufgenommen werden. »Die Religion allein ist das Fundament des gesellschaftlichen Lebens«, so beginnt der Entwurf. Weiter stehen im Mittelpunkt der Gedanken »die menschliche

Person« als »Quell und Ziel des gesellschaftlichen Lebens«, »Familie und Staat als die stützenden Säulen des persönlichen Lebens des Menschen« und »das Privateigentum und das persönliche Leben des Menschen«. Es sind klare Markierungen für einen neuen Weg, die in der katholischen Soziallehre gründen. Aus seinen Erfahrungen weiß der Bischof um die Notwendigkeit solcher Grundsätze.

Der Kardinal

Papst Pius XII. beruft ihn Weihnachten 1945 – als ersten Bischof des Bistums Münster – in das Kardinalskollegium. Alle Welt hat diese völlig unerwartete Ehrung verstanden. Von Galen schreibt an seinen Neffen Christoph Bernhard: »Persönlich kann ich noch nicht ganz damit fertig werden. Die Eminenz, dieses Herausragen oder eigentlich Herausgestelltsein, beschämt und bedrückt mich, und ich empfinde es zunächst mehr als Last und Verantwortung wie als Freude.«

Und an Bischof von Preysing von Berlin schreibt er am 3. Januar 1946: »Die Güte und Liebe des Heiligen Vaters freut und rührt mich, und die Freude meiner Diözesanen ist groß und fast erdrückend. Persönlich kann ich noch nicht ganz damit fertig werden, fühle mich beschämt und unverdient herausgestellt und andere zurückgesetzt, die länger und besser gearbeitet haben. In solcher Sache ist der Papst nicht unfehlbar, das empfinde ich stark.«

Er gibt die ihm zuteil gewordene Anerkennung weiter an die Gläubigen des Bistums, wie er es in einem Dankschreiben an Papst Pius XII. zum Ausdruck bringt: »Dabei tröstet mich, dass ich darin eine Anerkennung sehen darf der tapferen Haltung der Mehrzahl der Katholiken des mir anvertrauten Bistums Münster, die in den Jahren der Verfolgung und Bedrückung die Treue zu Christus, zu seiner heiligen Kirche, zum Heiligen Vater bewahrt haben und es mir durch ihre Gesinnung und Haltung möglich gemacht haben, auch in der Öffentlichkeit für die Rechte Gottes und der Kirche, für die von Gott gesehenen Rechte der menschlichen Persönlichkeit einzutreten.«

Am 18. Februar 1946 erfolgt in Rom die feierliche Erhebung zum Kardinal. Die Hinreise nach Rom ist abenteuerlich und dauert eine Woche.

Über den Moment, als die neuen Kardinäle zum Papst geführt werden, berichtet Konstantin Prinz von Bayern in seinem Buch über Papst Pius XII.: Die Scheinwerfer »blieben an der Figur eines Mannes haften, der, alle an Haupteslänge überragend, die Blicke auf sich zog ... Bei seinem Anblick gingen Wellen von erregtem Gewisper durch die Menge. Erst verhalten, von Mund zu Mund weitergegeben, dann beklatscht, dann gerufen, pflanzte sich mit der Prozession der Ruf von Säule zu Säule, von Gewölbe zu Gewölbe fort: ›Il Conte Galen! Il Conte Galen!‹ ... Als Galen die erste Stufe zum Thron erreicht hatte, sich aus der Gruppe der anderen löste, um emporzusteigen, brandete der Sturm der Begeisterung wie ein Gewitter so dröhnend, so anhaltend ...«

Der Papst neigt sich zu ihm herab mit den Worten: »Gott segne Sie, Gott segne Deutschland.« Diese Worte gelten allen guten Kräften des Durchhaltens und des Widerstandes in Deutschland und fallen wirklich wie ein Segen auch vor der Weltöffentlichkeit auf das deutsche Volk.

Als Kardinal jubelnd begrüßt

Auf dem Rückweg besucht er verschiedene Gefangenenlager in Süditalien. Er ermutigt die Soldaten, indem er ihnen verspricht, sich für ihre Freilassung einzusetzen. Mit einem amerikanischen Flugzeug erfolgt die Rückreise über Paris und dann mit dem Zug nach Deutschland.

An seinem 68. Geburtstag, dem 16. März 1946, erfolgt über Telgte sein Einzug nach Münster. Vor dem Gnadenbild hatte er sich vor seiner Fahrt nach Rom betend verabschiedet. Zum Gnadenbild – aufgestellt in der Pfarrkirche – kehrt er dankend zurück.

Oft hat er sich in aller Frühe in Kniebundhosen und einem alten Lodenmantel auf den Weg gemacht von Münster nach Telgte, um vor dem Bild der Schmerzhaften Mutter den Rosenkranz zu beten. Er lebte und nahm sein Bischofsamt wahr aus dem Gebet. Von dorther wuchs ihm seine Größe zu.

Einige der Leser und Leserinnen haben wahrscheinlich die triumphale Rückkehr nach Münster in einer vierspännigen Kutsche miterlebt. Vor der Lambertikirche begrüßt ihn der Oberbürgermeister und teilt ihm die Ernennung zum Ehrenbürger von Münster mit. Nach der Prozession von der Lambertikirche aus zum Domplatz, erwarteten den Kardinal dort 50.000 Menschen. Nach kurzer Anbetung im Paradies des Domes und dem Te Deum begibt sich der Kardinal zu einer vor dem Westportal errichteten Bühne des in Trümmer liegenden Domes.

Außerordentlich beeindruckend ist die Begrüßung durch den Jugendführer Ernst Maas, der in seiner Ansprache mehrfach durch Beifall unterbrochen wird. Nach seinem Bekenntniswort zum Glauben »als Fundament eines neuen geistigen Dombaus in unseren Volk,« so berichtet Gottfried Hasenkamp, fordert er die Anwesenden auf, mit ihm und der Jugend das apostolische Glaubensbekenntnis zu sprechen.

Offensichtlich ist in der Zeit verborgener und heimlicher Jugendarbeit eine Generation herangewachsen, die das Erbe von Galens zu übernehmen bereit ist.

Ein letztes Wort in der Öffentlichkeit

Nun hält der Kardinal auf dem Domplatz seine zu Herzen gehende Ansprache. Es ist Samstag, der 16. März 1946. Innerlich bewegt verkündet er: »Mein Recht und meine Aufgabe war es zu sprechen, und ich habe gesprochen für Euch, für Unzählige, die hier versammelt sind, Unzählige in unserem lieben deutschen Vaterlande, und Gott hat es gesegnet. Eure Liebe und Eure Treue, liebe Diözesanen haben auch das von mir ferngehalten, was vielleicht mein Verhängnis, aber vielleicht auch mein schönster Lohn gewesen wäre, dass ich die Martyrerkrone erhalten hätte. Eure Treue hat es verhindert, dass Ihr hinter mir standet und dass die damaligen Machthaber wussten, dass wenn sie den Bischof schlugen das ganze Volk sich geschlagen gefühlt hätte. Das ist es, was mich äußerlich geschützt hat, was mich aber auch innerlich gestärkt hat, mir Zuversicht gegeben hat, wenn wir fortfahren, wenn wir treu bleiben in unserem Kampfe, dann wird einmal der Tag kommen, wo all dieser jetzt unterdrückte und zum Schweigen verurteilte gute Wille wieder hervorbrechen wird, wo Wahrheit und Recht wieder zu Ehren kommen und wo wir aufs

Neue wieder als Christen am Aufbau eines christlichen Deutschland arbeiten können.«

Als der Kardinal von der »Martyrerkrone« spricht – ich habe die Originalstimme von einer Schallplatte gehört –, bricht ihm die Stimme, und man spürt seine tiefe innere Bewegung. Es ist wohl auch wie eine Erlösung, nun von diesem Druck befreit zu sein.

Ein Zuhörer berichtet, – so Gottfried Hasenkamp –, dass viele mit Erstaunen und gar mit Beschämung aus seinen Worten hören, wie der Kardinal die ihm zuteil werdenden Ehren weitergibt an die Christen, deren Zustimmung und Haltung ihm erst den Kampf ermöglichten.

Auch nimmt er in seiner Ansprache deutsche Soldaten in Schutz, die ehrenhaft ihren Dienst getan haben. Es ist ein mutiges Wort, das manchem wieder zu einem aufrechten Gang verhilft. »Löwe von Münster« nannten ihn die Italiener während des Konsistoriums. Und er blieb es auch angesichts neuer Machtverhältnisse im besetzten Deutschland.

Mit Tränen in den Augen berichtet er von dem Segen, den der Papst öffentlich über ihn und über Deutschland gesprochen hat.

Jugendliche, angesteckt vom Glauben und Mut des Bischofs

Als der Kardinal sich verabschiedet hat, ziehen die Jugendlichen noch einmal zum Borromaeum und holen ihn vor die Tür, bis er sie scherzend und mahnend bittet, nun nach Hause zu gehen. Gerade viele Jugendliche sind von seinem Widerstandsgeist und von seinem Mut tief beeindruckt und wissen sich dem Bischof innigst verbunden.

Als 1942 nach einem Gottesdienst 8.000 bis 10.000 Menschen rufen, »Wir wollen unseren Bischof sehen«, zeigt er sich und richtet das Wort vor allem an die Jugend: »Dies ist mir ... wieder ein Beweis, dass es ihnen auch heute nicht gelingen wird, die katholische Jugend der Kirche zu entfremden. Trotz der unerhörten und ungeheuerlichen irrigen Anschauungen, die heute gegen die Wahrheit des Gotteswortes und der katholischen Kirche vorgebracht werden, soll es ihnen nicht gelingen, uns den Glauben zu nehmen an die Worte der Wahrheit des Herrn.«

Der Heimgang

In Heilig Kreuz in Münster feiert er am Sonntag, dem 17. März, sein erstes und letztes Pontifikalamt als Kardinal. Es ist der Jahrestag der Übernahme des Papstamtes durch Pius XII. Der Kardinal gedenkt seiner dienenden Rolle in schweren Tagen. Er berichtet von seinem Besuch in italienischen Gefangenenlagern. Als am Schluss des Gottesdienstes Anton Bruckners Te Deum ausklingt mit den Worten »non confundar in aeternum« (ich werde nicht zuschanden auf ewig), ist das ein bewegender Gesang, der sich bereits wie eine Verheißung über Tod und Begräbnis des Kardinals ausbreitet.

Schon kurz danach ergeht die Nachricht von der Erkrankung des Kardinals. Bereits am Tag nach dem festlichen Pontifikalamt wird er in das Franziskus-Hospital eingewiesen. Bei der Operation wird ein durchgebrochener Blinddarmabszess mit Darmlähmung festgestellt. Er empfängt noch am Krankenbett den Erzbischof von Paderborn zu einer Vorbesprechung einer Konferenz der westdeutschen Bischöfe. Bis zum letzten Tag nimmt er in Verantwortung sein bischöfliches Amt wahr. Am Freitag, dem 22. März 1946, um 17 Uhr stirbt er im Alter von 68 Jahren.

Seine letzten Worte sind: »Ja, ja, wie Gott es will! Gott lohne es Euch! Gott schütze das liebe Vaterland! Für Ihn weiterarbeiten! O, Du lieber Heiland!« Von Sonntag bis Mittwoch wird er aufgebahrt in der St. Erphokapelle der St. Mauritzkirche, und Zehntausende nehmen dort Abschied von ihm. In Heilig Kreuz in Münster ist der Abschiedsgottesdienst, an dem neben mehreren deutschen Bischöfen auch der Kardinal Griffin von Westminster, London, und der Bischof von Roermond, Niederlande, teilnehmen – Zeichen beginnender Versöhnung nach Jahren der Feindschaft.

Kardinal Frings hebt in seiner Trauerpredigt im Gottesdienst, dem Kardinal Konrad Graf von Preysing vorsteht, jene Eigenschaften hervor, die zeitgemäße Nachfolge ermöglichen. Er sagt: »Er passt in diese Zeit. Als in Deutschland eine Macht aufgestanden war, um das Christentum mit Stumpf und Stil auszurotten, war er der rechte Mann, um den Feinden Einhalt zu tun ... Er war des Schutz der Schwachen und der Rechtlosen und der sogenannten Lebensunwerten ... Er bleibt euer ... Sein Geist lebt in dem Sinn, dass sein Bild unvergesslich sein wird und als Vorbild weiterwirkt. Nicht kompliziert und differenziert, sondern klar, einfach, lauter und durchsichtig ... Vor den Menschen ein Held, vor Gott ein Kind.«

Dass er »unser bleibt«, bewahrheitet sich zur Zeit, wenn wir ihn im Rahmen der Seligsprechung wieder neu und vertieft entdecken. Wenn Kardinal Frings sagt: »Solange es ein Bistum Münster gibt, wird man Kardinal Galen mit Stolz nennen als Zierde des Münsterlandes«, so ist er nicht nur Stolz und Zierde, sondern er wird auch immer wieder Menschen zum Glauben führen und im Glauben stärken. Wen wird er heute aufrichten?

Die Beisetzung erfolgt am 28. März in der dem heiligen Liudger geweihten Galenschen Kapelle des Domes nahe den Gräbern von Fürstbischof Christoph Bernhard und Weihbischof Max Gereon von Galen. Beter vor seinem Grab lesen in lateinischer Sprache die Aufschrift: »Hier erwartet die Auferstehung der Toten Clemens August Graf von Galen, Bischof von Münster, Kardinal-Priester der hl. röm. Kirche.«

Sein Lebensgrund

Versucht man noch einmal sein Lebensprofil nach der Mitte abzutasten, die ihm Grund und Kraft seines Lebens ist, so mag sie in jenem Wort zum Ausdruck kommen, das er 1943 in einer Predigt am Wallfahrtsort Telgte spricht, an jenem Ort, den er oft zum Gebet aufgesucht hat: »Warum, o Gott, lässt du das zu? Warum trifft es mich? Warum trifft es so viele gute und brave Menschen? ... Haben wir ein Recht so zu fragen? Gleichsam Gott zur Rechenschaft ziehen und Antwort zu verlangen? Er ist der Herr! Unser unumschränkter Herr! Wir sind sein Eigentum, in jeder Hinsicht. Leib und Seele, alle unsere Kräfte, unser Vermögen und Besitztum: er hat sie geschaffen, er hat sie gegeben, er kann sie nehmen, wann und wie er will.« Er verweist auf das kurze und knappe Wort des

Es greift die Fundamente
der Religion
und der gesamten Kultur an,
wer den Gottesglauben
in der Menschheit
zersetzt und zerstört.

Es greift die Fundamente
der Religion
und der gesamten Kultur an,
wer das moralische Gesetz
im Menschen zerstört.

Was die Zehn Gebote sagen,
steht als Sittengesetz
in den Herzen aller Menschen,
auch der Heiden geschrieben.

Hirtenbrief vom 26. März 1934

Sollte Obrigkeit
in Kirche oder Staat,
in Gemeinschaft oder Familie
ihre Stellung missbrauchend
von uns verlangen,
gegen Gottes Gesetz
und das nach Gottes Gesetz
geformte Gewissen zu handeln,
so wollen wir
Leib und Leben opfern,
aber unser Gewissen rein bewahren.

PREDIGT IN XANTEN
AM 6. SEPTEMBER 1936

greisen alttestamentlichen Hohenpriesters Heli, dem verkündet wird, dass seine beiden Söhne an einem einzigen Tag sterben werden: »Er ist der Herr! Was gut ist in seinen Augen, möge er tun!« (1 Kön 3,18).

Der Bischof zweifelt nicht daran, dass in allem Geschehen ein unsichtbarer Keim des Guten liegt, der den Augen des Menschen verborgen, aber von Gottes Augen wahrgenommen wird. Vielleicht ist aus jenem Keim die Versöhnung und die Freundschaft der Völker Europas gewachsen. Psychologen mögen einen Zusammenhang zwischen jenem tiefen Leid und der nachfolgenden Blütezeit in Deutschland und Europa sehen, erklärbar bleibt das Leid nicht. Nur maßloses Vertrauen auf einen, der die Geschichte in seinen Händen hält – und hier ist Maßlosigkeit erlaubt – lässt das Leid bestehen. War es das nicht, was dem Bischof zur Herzmitte und zum festen Boden unter den Füßen geworden ist? »Er ist der Herr«, an diesem Wort zweifelt von Galen nicht, obwohl die Verhältnisse Verzweiflung nahe legen. Dieses Wort trägt ihn durch alle Tiefen.

Und er rückt in seiner Predigt sich und die vielen Leidenden in die Nähe des reichen Stammesfürsten Hiob, dem an einem Tag Herden, Besitztümer und seine sieben Söhne und drei Töchter genommen werden. Mit Hiob wagt er zu sprechen: »›Nackt, von allem entblößt, bin ich zur Welt gekommen; nichts kann ich aus der Welt mitnehmen. Der Herr hat es gegeben, der Herr hat es genommen. Der Name des Herr sei gebenedeit‹ (Hiob 1,21). – Meine Christen, eine solche Gesinnung und Haltung ist schwer. Aber sie ist die einzig richtige, die von gesundem, gläubigen Denken geforderte ... Ich muss und will mich beugen und seine heiligen Ratschlüsse anbeten.«

In allem die Anbetung

Der Mann aus dem Adel, der Aufrechte, der Bischof, der offen Machthabern des Unrechts entgegentritt, vertraut sich einem Größeren an, ja, mehr noch, er »beugt« sich ihm, und er »betet an«. Eine solche Haltung erwächst nicht allein aus menschlicher Größe. Aus biblischen Bildern strömt Gottes Geist ihm zu und lässt ihn über sich hinauswachsen zu einer vertrauensvollen Gläubigkeit, an der sich bedrängte Menschen in notvoller Zeit aufrichten können.

Wo vieles um ihn herum zerstört ist, bleibt er in Anbetung vor dem Unzerstörbaren. Dieser Grundhaltung entstammt auch wohl die Entscheidung zu Beginn seines Wirkens in Münster, in St. Servatii die »Ewige Anbetung« einzurichten. Aus seiner immer wiederkehrenden Sammlung im Gebet wagt er Kampf und Streit. Kann man diesen Glauben kindlich nennen, wie manche sagen? Aber vor Gott wusste er sich als Kind. Und deshalb war er groß vor den Menschen.

Und manchen mag es getröstet haben, wenn er in der Predigt in Telgte nach der Bombardierung Münsters sagt: »Vielleicht ist für dich oder für dein Kind, für deinen Gatten, deinen Bruder nach Gottes Wissen gerade das am besten, was für unsere Augen ein Unglück zu sein scheint.« Die spirituelle Hilfe für das Leiden der unschuldigen Zivilbevölkerung sieht er gerade in den schweren Kriegsjahren häufig in dem Gedanken des Mitleidens mit Christus. Manchem mag dieser Gedanke als vorschnelle Lösung erschienen sein, der die Empörung über das Unrecht nicht genügend berücksichtigt.

Nicht vollkommen und doch selig ?

Nicht in allen Bereichen müssen wir den Ansichten dieses großen Gottesmannes folgen. Wie stand er zu dem verbrecherischen Krieg der Deutschen? Lässt sein Hinweis in einem Brief an den Klerus des Bistums Münster unmittelbar nach Kriegausbruch auf den 1919 »erzwungenen Gewaltfrieden« nicht eine rechtfertigende Deutung des neuen Krieges vermuten? Können SA-Leute aus seinen Äußerungen verstehende Töne zum Krieg mithören? Sind die maßlosen Gräueltaten des Krieges noch als Gottes strafendes Handeln für Verletzungen göttlicher Ordnung zu sehen, wie von Galen meint?

Hat er von den Soldaten und insbesondere von den zum Wehrdienst einberufenen Priestern zu sehr Treue und Vaterlandsliebe erwartet? Ob ein Krieg gerecht ist, diese Bewertung steht nach traditioneller theologischer Meinung der staatlichen Obrigkeit zu. Im Zweifel kann sich der katholische Soldat auf Befehl und Gehorsam berufen. So schreibt von Galen am 5. September 1939 unmittelbar nach Kriegsbeginn: »Auch die Gebote der von Gott gesetzten Obrigkeit in Familie, Volksgemeinschaft und Kirche haben teil an der Würde, Ausdruck und Forderung des hl. Willens Gottes an uns zu sein. Nicht weil wir ihren Grund und ihre Notwendigkeit einsehen, wollen wir jeder Obrigkeit in allem, was nicht offenbar dem Gesetze Gottes widerstreitet, gewissenhaft gehorsam sein, sondern weil ›jede Obrigkeit von Gott angeordnet ist‹ (Röm 13,1).«

Noch misstraut er der gottgesetzten Obrigkeit nicht völlig, wenn er zu Kriegsbeginn am 14. September 1939 an die Priester des Bistums schreibt: »Ich weiß, meine hochwürdigen Mitbrüder, dass ihr alle als deutsche Männer und Seelsorger mit unserem deutschen Volke fühlt und denkt, dass jeder von euch bereit und entschlossen ist, die Last des Krieges zu tragen, die Not des Krieges zu lindern.«

Am 31. März 1945 erlebt er in Sendenhorst den Einmarsch der amerikanischen Truppen. Am darauffolgenden Tag, dem Ostersonntag, schildert er der Gemeinde dieses Ereignis als »ein erschütterndes Erlebnis» für ihn und für jeden Deutschen. Dass das Ende der Naziherrschaft, das er sicher zutiefst herbeigesehnt hat, gekoppelt ist mit dem Zusammenbruch Deutschlands, liegt ihm auf der Seele. War er doch übermäßig national gesinnt?

Wenn er in seiner Ansprache am 23. September 1934 in Recklinghausen erklärt: »Treu deutsch sind wir, – wir sind auch treu katholisch!« so ist das kein nationalistisches oder gar nationalsozialistisches Bekenntnis. Er weist vielmehr darauf hin, dass religiöse Überzeugung nicht etwas ist, »was man mit dem Rock anzieht und ablegt ... Religion ist auch im vaterländischen Dienst Quelle der Kraft und wertvollstes Stück der sittlichen Persönlichkeit.«

Von Galen bringt in seiner Predigt zum Ausdruck, dass er darauf vertraut, dass Hitler das in einer Audienz am 27. Juni 1934 mehreren deutschen Bischöfen gegebene Versprechen hält, »dass er in einer ausdrücklichen Anweisung an die Partei und an die staatlichen Organe Befehl geben werde, dass in Zukunft alle neuheidnische Propaganda unterbleibt«.

Es war auch die Gefahr des Bolschewismus für von Galen ein starkes Argument, den Krieg hinzunehmen oder vielleicht sogar als Rechtsmittel zu deuten. Vor Vertretern der Arbeitervereine und der Werkjugend berichtet er von seinem vorangegangenen Besuch in besonders armen Arbeitergemeinden des Industriegebietes in einer Versammlung am 28. Januar 1934 in Münster und sagt: »Wenn dort und an anderen Orten die kommunistische Seuche in den vergangenen Jahren nicht alles überflutet hat, so ist das nicht zum wenigsten das Verdienst der katholischen Arbeitervereine und ihrer Führer.« In den »Irrlehrern des Sozialismus und Kommunismus« sieht er eine große Gefahr.

Niemand kann sich völlig lösen von Denkmustern der Gesellschaft und der Zeit. Die Erfüllung idealisierender Erwartungen würden ihn seiner Menschlichkeit entheben. Er ist seinen Weg gegangen, und wer sich auf den Weg macht, an dessen Schuhen bleibt vom Dreck, zumindest aber vom Staub der Erde, etwas haften.

Aber er ist groß geworden in seiner Bereitschaft, für seinen Glauben an Gott und für die Rechte der Menschen sein Leben hinzugeben. In schwerer Zeit haben sich viele an ihm aufgerichtet.

Verehrt als Seliger

Und sollten sich nicht auch in Zukunft Menschen an ihm aufrichten? Als Seliger wird er zum bleibenden Zeichen der Kirche von Münster, der Wunderbares bewirken und vielen Menschen ein hilfreicher Begleiter werden kann. Karl Specker nennt ihn in einer Sammlung von Bischofsporträts bereits 1934: »Wächter an den Toren der Kirche von Münster.« Er ist ein Wächter, der auch heute noch mahnt, aufruft und im Zwielicht dunkler Tage Orientierung gibt. Bischof Reinhard Lettmann, der derzeitige Nachfolger als Bischof von Münster, sagt anlässlich der Eröffnung des Prozesses über »Leben und Tugenden« des Kardinals: »Sinn der Seligsprechung ist es, in der Gestalt von Bischof Clemens August eine für unser heutiges christliches und kirchliches Leben bedeutsame Haltung herauszustellen und zum Leuchten zu bringen. Es ist die Haltung christlichen Freimutes ... Mir scheint, dass diese Haltung christlichen Freimutes für unsere Zeit von besonderer Bedeutung ist, und zwar der Freimut in beiderlei Sinn: das freimütige Stehen vor Gott in Gebet und Gottesdienst wie auch der Freimut im Einstehen für Gott und den Menschen.«

Als von Galens Nachfolger Bischof Michael Keller im Jahr 1956 den Seligsprechungsprozess eröffnet, findet das trotz einiger kritischer Stimmen breite Zustimmung in der katholischen Bevölkerung über das Bistum Münster hinaus.

Kardinal von Galens Andenken bedeutet nicht nur Verehrung und Erinnerung. Vielmehr bedeutet es in Berührung kommen mit dem geistigen und geistlichen Kraftfeld, aus dem er gelebt und in schwerer Zeit seinen Weg gefunden hat.

Auf seine Fürsprache

Voraussetzung für die Seligsprechung von Galens ist auch der Nachweis eines Wunders, das auf seine Fürsprache hin erfolgt ist. So berichtet eine westfälische Ordensfrau der Steyler Missionsschwestern von einem Heilungsvorgang eines vierzehnjährigen Jungen in Atambua, einer Provinzstadt in Westtimor.

Dort wird der Jugendliche Heinrich Nahak am 18. Januar 1995 schwer krank in ein Krankenhaus eingeliefert. Nach anfänglicher Besserung verschlechtert sich der Zustand des Jungen rapide. Ärzte stellen eine Blinddarmentzündung fest, haben jedoch hinsichtlich der im dortigen Krankenhaus vorhandenen Instrumente Bedenken zu operieren und schlagen eine Verlegung in ein anderes Krankenhaus vor. Auf Drängen des Vaters, der keine Zeit verlieren möchte, nehmen sie die Operation vor und stellen einen Blinddarmdurchbruch mit Bauchfellentzündung fest. Der Eingriff erweist sich als schwierig, und der Zustand des Jungen verschlechtert sich bedrohlich.

Eine Steyler Missionsschwester, die als Krankenschwester im dem Krankenhaus arbeitet, legt ein Bild von Kardinal von Galen auf die Wunde und ruft seine Fürsprache an. Der Junge und seine Eltern schließen sich dem Gebet an. Schon am folgenden Tag lassen die Beschwerden und Symptome nach, es kommt zu einer schnellen und vollständigen Heilung, die Ärzte für unerklärlich halten und als Wunder deuten.

Mir scheint der erforderliche Nachweis eines Wunders für die Seligsprechung von Nicht-Märtyrern mehr Zeichen und Ausdruck einer gläubigen Weggemeinschaft mit einem

Menschen großen Glaubens zu sein als der Nachweis eines spektakulären Ereignisses.

Mancher, der im Glauben die Weggemeinschaft mit einem solchen Menschen sucht, wird an sich Wunderbares erleben. Das dürfen wir hoffen. Auch meine Beschäftigung mit ihm hat mich bereichert und mich wunderbar beschenkt. Er ist uns ganz nahe.

Bleibende Weggemeinschaft

Diese Weggemeinschaft sucht auch Papst Johannes Paul II., als er während seines zweiten Deutschlandbesuches am 1. Mai 1987 als Pilger den Dom in Münster betritt und am Grab von Galens betet.

Auf dem Schlossplatz sagt der Papst in seiner Ansprache: »Unter den Glaubenszeugen des Bistums Münster ragt durch seinen großen Bekennermut euer unvergesslicher Bischof und Kardinal Clemens August Graf von Galen hervor – der ›Löwe von Münster‹, wie ihn der Volksmund voller Bewunderung und Anerkennung nennt. Ich bin heute nach Münster gekommen, um sein Grab zu besuchen und dort zu beten.« Und in seiner Ansprache auf dem Domplatz sagt er: »Kardinal von Galen hat selbst unerschrocken das Wort Gottes verkündet. Zugleich hat er aber auch gelebt, was er verkündet ... Bischof Clemens August war ein Mann des Glaubens.«

Sein Denkmal östlich des Doms, das anlässlich seines 100. Geburtstages am 22. März 1978 von einer Bürgerinitiative gestiftet wurde, wird leider allzu leicht übersehen. Das hindert nicht, »seinen Standort« damals und heute neu zu entdecken und ins Licht der Gegenwart zu bringen – ihn, den die Münsteraner bei einer Umfrage zum Jahrtausendwechsel mit großer Mehrheit »Mann des 20. Jahrhunderts« nennen.

Lieber Leser, liebe Leserin!

Der Kardinal sagt am 7. Februar 1946 in Rom: »Der Herrgott weiß genau, warum er gerade dich und mich in diese Zeit hineingestellt hat. Wir sollen Zeugen Christi sein durch unser Leben und durch unsere Liebe. Wenn er uns berufen hat, heute zu leben, dann hilft er uns auch mit seiner Gnade.«

Ich weiche nicht vor ihnen zurück!

Predigt in Vreden
am 17. November 1937

Franz von Galen
am 12. September 1933.
Brief an seinen Bruder
zur Bischofsernennung

Eine wirkliche Ehre
und eine wirkliche Freude
für uns alle und auch für Dich.
Für Dich freilich
wird die Freude zurücktreten
vor dem erdrückenden Gefühl einer
solchen Bürde und Verantwortung,
die Deinen Schultern
auferlegt werden soll.

Ich fühle diese ganze Bürde mit Dir;
aber Du bist stark,
weil Du demütig bist,
und klug, weil Du auf Gott vertraust,
und ruhig,
weil Du Dich gleichförmig gemacht
hast Seinem heiligen Willen.

Lebt etwas in uns von diesem großen Menschen, von seinem Glauben, von seinem Einsatz für andere? Wo ist mein Auftrag in dieser Zeit? Wo werde ich in dieser Welt meine Spuren hinterlassen?

Literatur

Peter Löffler (Bearb.), Bischof Clemens August Graf von Galen. Akten, Briefe und Predigten 1933-1946, Band I und II, 2. Aufl., Paderborn 1996

Joachim Kuropka (Hg.), Clemens August Graf von Galen. Neue Forschungen zum Leben und Wirken des Bischofs von Münster, 2. Aufl., Münster 1993

Joachim Kuropka (Hg.), Clemens August Graf von Galen. Euthanasie, Widerstand, Menschenrechte, Neubeginn, 2. Aufl., Münster 2001

Joachim Kuropka, Clemens August Graf von Galen. Vom »politischen« Seelsorger zum Seligen, Vortragsmanuskript 2005

Heinrich Portmann, Kardinal von Galen. Ein Gottesmann seiner Zeit, 7./8. Aufl., Münster 1957

Max Bierbaum, Kardinal von Galen. Bischof von Münster, Münster 1947

Max Bierbaum, Nicht Lob nicht Furcht. Das Leben des Kardinals von Galen nach unveröffentlichten Briefen und Dokumenten, Münster 1955

Gottfried Hasenkamp, Heimkehr und Heimgang des Kardinals, Münster 1946

Heinz Hürten, Deutsche Katholiken 1918 bis 1945, Paderborn 1992

Wilhelm Damberg, Moderne und Milieu 1802 - 1998. Geschichte des Bistums Münster, Band V, herausgegeben von Arnold Angenendt, Münster 1998

Hubert Jedin/Konrad Repgen (Hg.), Handbuch der Kirchengeschichte. Bd. VII, Freiburg 1979

»Haus- und Familien-Chronik der Grafen von Galen auf Burg Dinklage und Haus Assen, begonnen im Jahre des Heiles 1925« von Clemens August Graf von Galen, Galensches Archiv, Haus Assen

Günter Beaugrand, Kardinal von Galen. Der Löwe von Münster, 4. Aufl., Münster 1996

Heinz Mussinghoff, Rassenwahn in Münster. Das Judenpogrom 1938 und Bischof Clemens August Graf von Galen, Münster 1989

Bernhard Frings, Zu melden sind sämtliche Patienten. NS-»Euthanasie« und Heil- und Pflegeanstalten im Bistum Münster, Münster 1994

Gerhard Besier, Der Heilige Stuhl und Hitler-Deutschland. Die Faszination des Totalitären, Stuttgart 2004

Peter Godman, Der Vatikan und Hitler. Die geheimen Archive, München 2004

Hubert Wolf, Man muß auch löschen, wenn das Nachbarhaus brennt, Vortragsmanuskript 2005

Michael F. Feldkamp, Pius XII. und Deutschland, Göttingen 2000